JN023671

〈メイド・イン・ジャパン〉の食文化史

What is MADE IN JAPAN?

畑中三応子

春秋社

プロローグ——日本食礼賛の背景を探って

もう一〇年近くなるだろうか、日本食礼賛が巷《ちまた》にあふれてきたのが気になりだした。その前から、国産食品なら安心安全だと信じている人はたくさんいたが、「日本の食、すごいよね」と、ざっくり美化して自画自賛されると、へそ曲がりな私は、それは思い込みかもよ、と突っ込みを入れたくなってしまう。

国内総生産（ＧＤＰ）が中国に抜かれ、東日本大震災が起こったあたりから、愛国本が売れて外国人が日本を褒めちぎるテレビ番組が多くなったが、それと同じ気持ち悪さも感じた。

すごさを保証するよりどころになったのが、「和食」のユネスコ無形文化遺産登録だった。そのとき挙げられた和食の四つの特徴——「多様で新鮮な食材とその持ち味の尊重」「栄養バランスに優れた健康的な食生活」「自然の美しさや季節の移ろいの表現」「年中行事との密接な関わり」こそ、私たちが捨て去ってきたものばかりじゃないのと、皮肉な気分になったが、失われゆく伝統の歯止めになるかもと期待も少し。私は伝統保守派ではないが、あらためて定義が必要なほど姿を変えた和食は、あるべき理想型を多少なりとも知って保護しないと、絶滅危惧種になりかねない。

そのほかにも、外国人の一家が各地を食べ歩いて感動する紀行書がベストセラーになったり、東京がミシュランガイドで星の数が世界最多都市になったりしているうちに、気がついたら「世界でいちばんグルメな国」が日本のうたい文句になっていた。

ファッションのように消費されるはやりの食べ物を「ファッションフード」と名づけて、近現代の変遷を調べている私にとって、日本の食はとっくにすごかった。どこがすごいといって、日本ほど海外の食べ物を貪欲に取り入れ、自国の食のシステムに組みこんだ国は珍しいし、新しい食べ物が次々とやって来ては流行りすたれる、というサイクルが激しい国は、めったにない。

食への好奇心が高く、無類の新しもの好きだったから、これだけ柔軟な食文化を育み、無数の流行を生み出すことができたのである。流行というものは、はかないようでいて、実はしぶとい。消えたように見えても、必ずなにかを残して食を豊かにしてくれる。

自分の食の履歴をふりかえってみると、まだ小さかった六〇年代はインスタント食品の新商品で十分満足していたが、七〇年代は外国からやって来た食べ物に、衝撃の連続。溶けて伸びるチーズがのったピザ、ラザニア、オニオングラタン、ビーフ一〇〇パーセントのハンバーガー、色とりどりのアイスクリーム、こってり濃厚なチーズケーキ……。ヨーロッパとアメリカのものなら、なんでも飛びついた。

編集者として働きはじめたのは、情報誌とグルメガイド本が食のトレンドを引っ張ってめまぐるしく流行が入れ替わるグルメブームの真っ最中で、まわりは強烈にせわしなかった。私が作っていたのはシェフの料理をひとり一冊にまとめた作品集的なムック（書籍と雑誌の中間的な出版物）だったので、世間の流行には高みの見物を決め込んでいた。

当時は技術よりシェフの個性を重んじるようになった料理本の変革期で、ひとりひとりの美学や哲学を聞いて書くのがおもしろくて、次第にフランス料理やイタリア料理自体にのめり込んでいった。エスニック料理の本もたくさん作った。流行に距離を置いていたつもりでも、大真面目にヨーロッパや東南アジアの食文化を伝えようとしていた私は、とことん舶来ものが大好きだったんだなと思う。

舶来信仰、とりわけ欧米の食べ物なら無条件に受け入れてしまう西洋食礼賛は、ファッションフードの重要キーワードである。溶けるチーズやファストフードの洗礼を私が受けていた頃、どんな病気も治すオカルト的健康食品として社会現象を巻き起こしていた紅茶キノコだって、「バイカル湖畔の長寿村」という出自が、信憑性を高めたのだった。

舶来好きだった自分も気恥ずかしいが、日本の食は世界一と浮かれるのにも違和感がある。根強かった舶来信仰から日本食礼賛へ意識が転換した背景には、なにがあったのだろうか。そもそも、日本食礼賛には根拠があるのだろうか。いったいなにをもって「メイド・イン・ジャパンの食文化」と呼べるのだろうか。それを探り、個別の食品や食生活の変遷を、メイド・イン・ジャパンという視点で検証していこうと思う。

〈メイド・イン・ジャパン〉の食文化史　目次

〈メイド・イン・ジャパン〉の食文化史

第1章　〝国産〟のブランド力

いつからか、定食屋などの飲食店ではよく、「当店で使用している米はすべて国産米です」とか、「当店のご飯はすべて国産米を使っています」と書かれた紙が、壁の目立つところにバンと貼られるようになった。なんだか嬉しそうに宣伝している感じである。

ん？　米って、数少ない自給できる穀物じゃなかったの？　ということは、もはや国産米を出していることが誇れるほど、外食では輸入米が使われているってことだろうか。

「当店はすべて国産米です」の謎

実は、「米穀等の取引等に係る情報の記録及び産地情報の伝達に関する法律（米トレーサビリティ法）」という法律ができて、生産者や販売者ならびに外食店も二〇一一年七月から、米の産地情報を提供しなくてはならなくなったのである。伝達していなかった場合は勧告・命令が行われ、命令に従わないと五〇万円以下の罰金が適用されるという厳しいルールだ。

情報提供の具体的な方法として「メニュー、店内配布チラシ、ショップカード等や店内、店の入り口の看板等の一般消費者の目につきやすい場所に具体的な産地情報を記載」が挙げられている。あの貼り紙は、法律に従っての情報提供であって、けっして宣伝ではなかったのだが、国産米だと知ると、思わず安心する自分がいる。

米トレーサビリティ法自体が、二〇〇八年に発覚した事故米不正転売事件を受け、制定されたものだ。基準値を超える残留農薬のメタミドホスとアセタミプリド、発がん性のあるカビ毒が検出された米を、工業用として政府から購入した大阪の米穀加工販売会社が、食用と偽って転売していた事件である。知らずに買って使ったのは全国の酒造メーカー、菓子メーカー、病院や介護関係の給食施設など、三七〇社以上にものぼった。

汚染米は、日本が一定量の輸入を義務づけられているミニマムアクセスの中国米、ベトナム米、アメリカ米などの外国産米が中心だった。悪いのは転売した会社だが、外国産米は危ないと、不信感を植えつけられた人は少なくなかったはずだ。

現実には、いま私たちは外国産米をけっこう食べている。スーパーやコンビニで売って

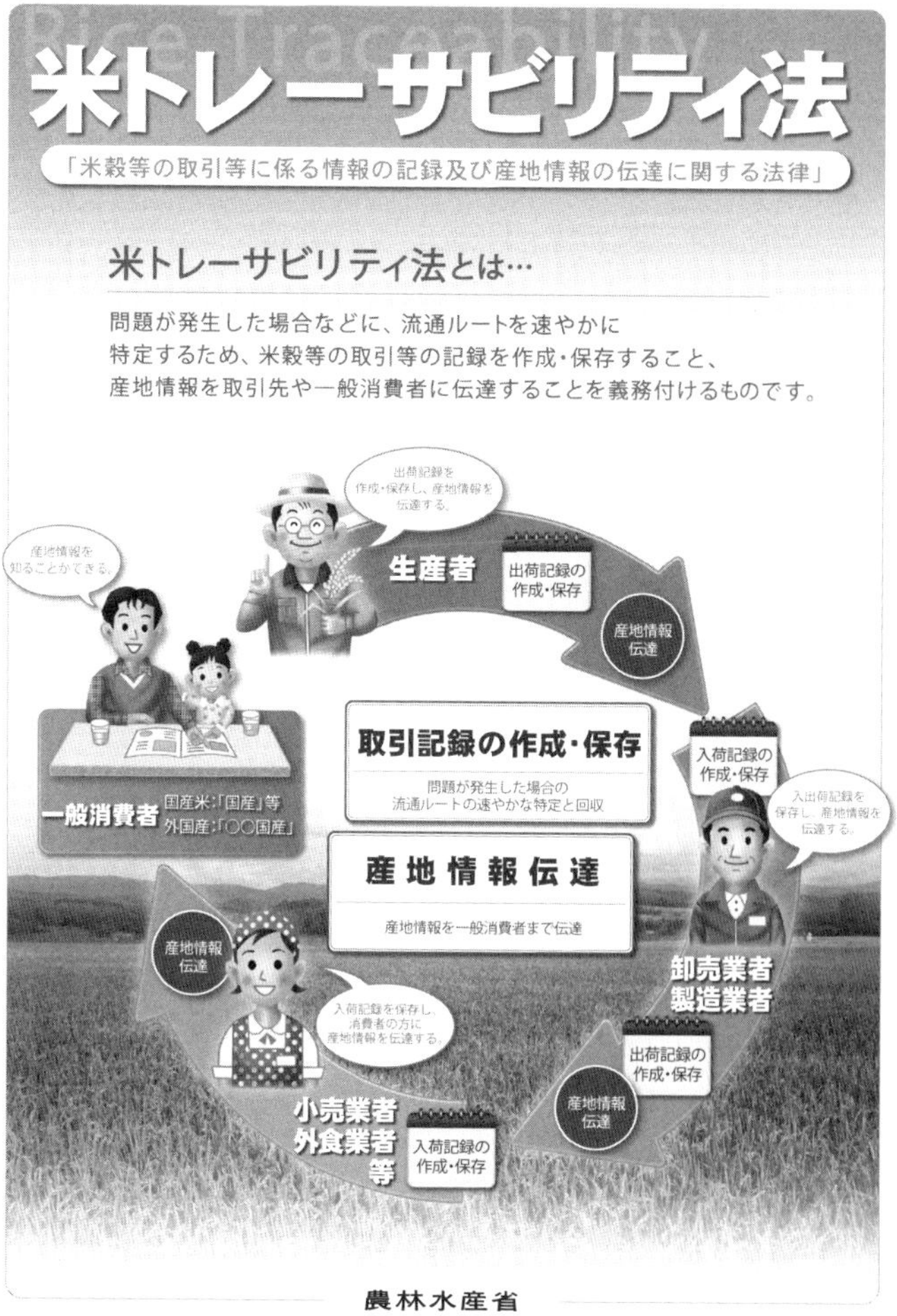

トレーサビリティ法についてのパンフレットの一部（農水省ホームページより）

いる煎餅やおかきなど、米菓の原材料欄をチェックしてみよう。「うるち米（米国産）」「もち米（タイ産）」はもう普通だ（それに比例して、「国産米一〇〇パーセント使用」をウリにする米菓も目立つようになった）。外国産米を採用する外食産業も増えている。ＴＰＰ11協定が発効した今後は、オーストラリア米などの安い外国産米がたくさん入ってくるかもしれない。

外国の米が増えれば増えるほど、逆に国産米のブランド感は高まっていく。産地表示が義務づけられて以来、悪いイメージで客が減るのを警戒して、外国産米から国産米に戻した外食産業もあるようだ。

食べ物の安全マークになった「メイド・イン・ジャパン」

「メイド・イン・ジャパン」は、質がよく、壊れにくく、しかも値段が安い日本の工業製品が海外で高いブランド力を発揮したマークだった。

それはもはや、過去の栄光。韓国や中国、台湾の製造業が躍進し、かつてのブランド力を新興国に奪われた今日では、「ものづくりの伝統」とか「匠の技」、「職人気質」などの美しい物語を携え、もっぱら国内向けに高付加価値をアピールするマークになっている。

これが食べ物になると、いまやメイド・イン・ジャパンは、米にかぎらず、食品の安全性と品質の高さを日本人自身に保証し、安心させるマークになった感がある。

二〇一七年九月一日にスタートした「原料原産地表示制度」にも、そうした消費者意識の変化があらわれている。

従来の食品表示基準では、重量割合が全体の五〇パーセント以上で、原産地が品質に反映する一部の加工食品にのみ、原産地表示が義務づけられていた。製造は国内でも、原料の野菜や肉が外国産の漬物、ハム・ソーセージ類が典型。きゅうりの醤油漬けの原材料が、「きゅうり（中国産）」といった具合だ。かりにフルーツヨーグルトに入っているフルーツが外国産でも、五〇パーセント以下なら表示しなくてよかった。

この改正は、消費者が自主的かつ合理的に選択できるよう、国内で製造されたすべての加工食品に原料原産地の表示を義務づけている。

表示の対象になる原材料は、原則として重量割合一位の原材料、ということになっているが、農産物漬物は上位四位（または三位）かつ五パーセント以上の原材料、野菜冷凍食品は上位三位かつ五パーセント以上の原材料、おにぎりは重量順位にかかわらず海苔というふうに、個別の例外が多いうえ、表示の例外もきわめて多く、実に複雑でわかりにくい。

おにぎりに漬物をつけてパック入り「おにぎり弁当」にすると、海苔の原産地は表示する義務がなくなるといった具合だ。まったく意味がわからない。

そのためか、消費者庁はルールにこだわらず、消費者への情報提供の観点から、できるだけ多くの原材料産地を表示することが望ましいといっている。だが、原材料が加工食品の場合、そばは「そば粉（国内製造）」、パンは「小麦粉（国内製造）」といったように、製造地だけの表示が認められたり、三か国以上の外国の原材料が使用されていて、重量順位の変動や産地の切り替えが見込まれる場合は、「輸入」だけの表示が可能だったりと、不明瞭なケースも多いのが現状だ。消費者がすべての原産地に納得して選べるようになるまでは多難な道が続きそうで、食品メーカーにとって、きわめて厳しい制度であることは間違いない。

外食は表示の必要がない。たったひとつ義務づけられているのが、米というわけだ。

風土と矛盾している食文化

米トレーサビリティ法も、加工食品の原料原産地表示制度も、制定の背景には日本人の

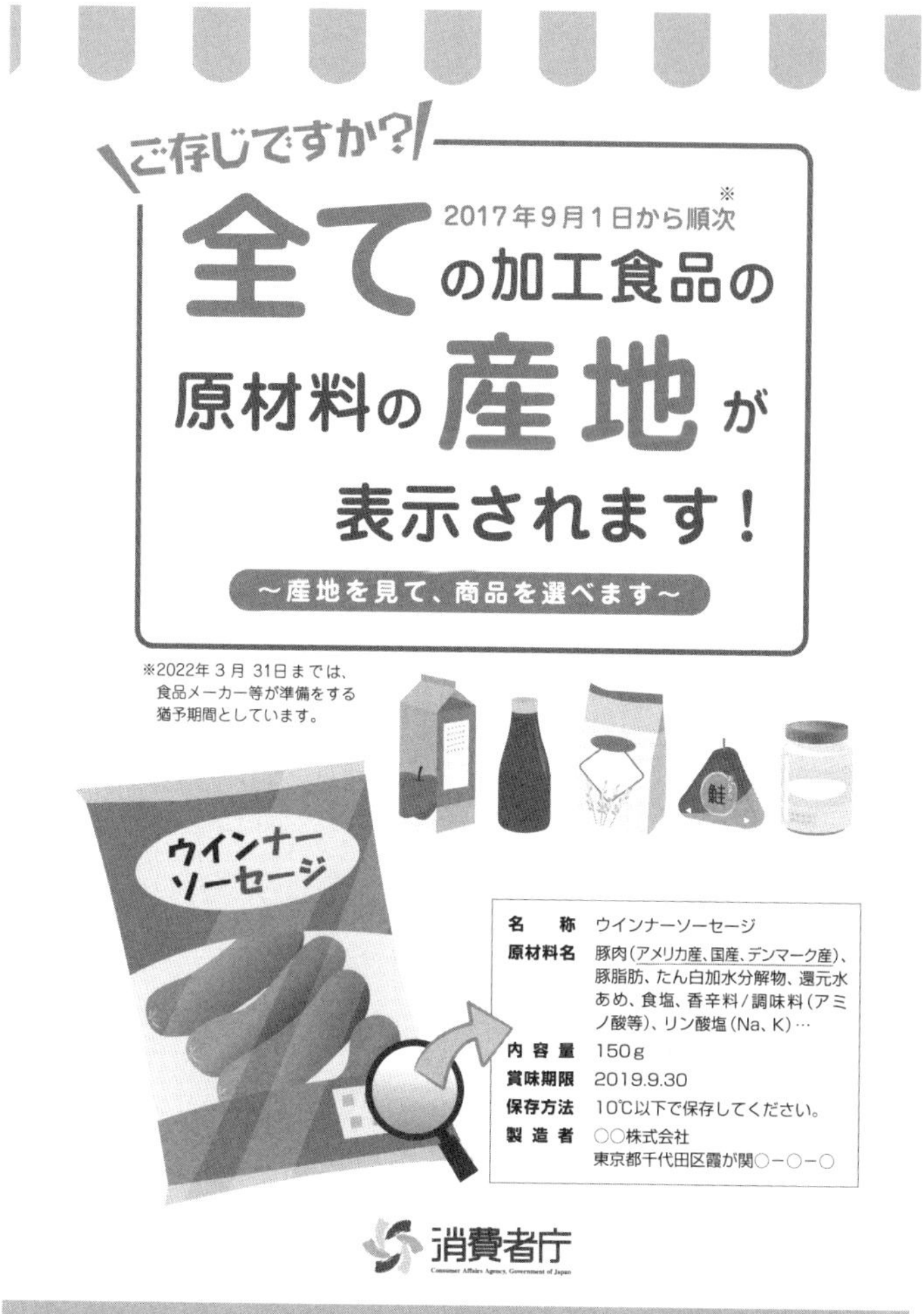
ご存じですか？
2017年9月1日から順次※
全ての加工食品の
原材料の産地が
表示されます！
～産地を見て、商品を選べます～
※2022年3月31日までは、食品メーカー等が準備をする猶予期間としています。
鮭
ウインナーソーセージ
名　称　ウインナーソーセージ
原材料名　豚肉（アメリカ産、国産、デンマーク産）、豚脂肪、たん白加水分解物、還元水あめ、食塩、香辛料／調味料（アミノ酸等）、リン酸塩（Na、K）…
内容量　150g
賞味期限　2019.9.30
保存方法　10℃以下で保存してください。
製造者　○○株式会社
東京都千代田区霞が関○－○－○
消費者庁
Consumer Affairs Agency, Government of Japan

原料原産地表示制度についてのパンフレットの一部（消費者庁ホームページより）

国産食品志向がある。食べ物に対する意識や関心が高い人ほど、外国産だと危険な感じがして不安を抱き、国産なら安全だと安心する傾向が強い。科学的な裏付けを持たずに、国産と書いてあると疑いもなく信用してしまう感覚は、ほとんど信仰だ。

日本の食料自給率（カロリーベース）は、二〇一六年度に二三年ぶりの低水準である三八パーセントに落ち込んだ。一七年度も三八パーセントの横ばいだったが、一八年度は記録的冷害だった一九九三年度と並ぶ過去最低の三七パーセントをマークした。政府は四五パーセントまで高める目標を掲げ続けているが、いっこうに上がらない。

これが生産額ベース（食料の国内生産額を国内で消費された金額で割った数字）になると、一六年度は六八パーセント、一七年度は六五パーセント、一八年度は六六パーセントだった。カロリーベースで計算すると著しく低くなるのは、四大穀物のうち麦、大豆、トウモロコシの大半を輸入に頼っているからだ。

内閣府が一四年に実施した世論調査では、国民の八三パーセントが将来の食料供給に対して「不安がある」と答えた。農水省は、食料自給率向上に向けた国民運動「フード・アクション・ニッポン」を立ち上げて、国産農林水産物の消費拡大を推進している。それなのに、安倍政権は自由貿易の枠組みを拡げているんだから、まったくひどい矛盾だ。

日米貿易協定、日EU経済連携協定、TPP11協定が発効したこれからは、肉類やチーズなどの畜産物を中心に、海外からの輸入食品は増えて食料自給率はもっと低下するだろう。この矛盾のうえで、食べ物のメイド・イン・ジャパン志向は、ますます強まっていくだろう。

食文化とは、どんな国や地域でも、それぞれの風土で得られる食料を中心に構成されるものだ。ところが、近代以降の日本では、明治政府による食の欧化主義にはじまり、欧米追随型の食生活改変と、動物性たんぱく質、油脂類の摂取が国策として奨励され、風土に適した農水産業とは分離した食生活が発達した。いってみればグローバリズムの先取り、もともと矛盾した食文化なのである。

矛盾のおかげで、いま私たちは肉や乳製品をたくさん食べ、朝は食パンやグラノーラ、昼はラーメンやパスタ、夜はハンバーグやチーズダッカルビ（甘辛いタレで煮た鶏肉にピザ用チーズをからめた韓国料理）といったように、おそらく世界でいちばん多様性に富んだ食事を謳歌しているわけだ。

ちなみに、グラノーラの主要原料である穀類、食パンとラーメン、パスタの麺の小麦粉、チーズダッカルビのチーズは、基本的に外国産だ。気になるのが生鮮食品の鶏肉だが、外食の場合は安いブラジル産やタイ産、中国産を使っている店が多いはずだ。

一方、最近、〝こだわりラーメン屋〟に国産小麦粉使用をうたい文句にした店が増えているのは、メイド・イン・ジャパン志向のなせるわざ。ラーメンこそ、戦後アメリカから大量に輸入された小麦なくしては発展しなかった代表的料理、庶民のためのファストフードだったのに、いまではスローフード化が激しい。

どうして、国産食品がブランドになったのか。日本が食料輸入大国なのはいまにはじまった話ではないし、少し前までは食べ物にかぎらず、あらゆる製品の「舶来信仰」があった。それなのに、一転した国産志向のきっかけはなんだったのだろうか。

農村の栄養改善事業から生まれた「地産地消」

ところで、国産志向とセットになっている「地産地消」というワード、もう耳にタコができるくらい聞き慣れた感じがするが、実はかなり新しい言葉なのである。

地産地消は、「地域生産・地域消費」、または「地場生産・地場消費」の略語。農水省農蚕園芸局生活改善課が、一九八一年から四か年計画で進めた「地域内食生活向上対策事業」から生まれた言葉といわれている。

　この事業は、「地域内農産物のよさを見直して生産の拡大と新たな加工法の開発をはかり、あるいは不足している農産物の計画的生産を行い、地域内消費を促進して地域の特性を生かした豊かな食生活を築くと同時に、農家の食生活を改善し、向上させること」を目的に実施された。

　事業の背景にあるのは、農家の食事も都市部と同様に外部化し、市販の加工食品の消費が増えて自給割合が低下してきたことがひとつ。洋風化が進んで手作りの味、伝統の味が失われつつあることも問題視された。

　もうひとつは、農政審議会が八〇年一〇月に出した「80年代の農政の基本方向」の総論で、「栄養的観点からも、総合的な食料自給力維持の観点からも、日本型食生活を定着させる努力が必要」と説いたこと。これについては第7章で詳述するが、総じて低カロリーで、摂取カロリー中のでんぷん質比率が高く、動物性たんぱく質と植物性たんぱく質の摂取量がほぼ等しく、動物性たん白質のうち水産物の占める割合が高かった日本人の食生活を理想的な食事パターンとして、みずから高く評価したのである。

　文明開化からずっとお手本にしてきた欧米諸国の食生活を、突如として高カロリーで栄養バランスの偏った悪い食生活とみなしたこの総論は、衝撃的な方向転換であり、爆弾発言だった。「日本型食生活」は、このとき誕生した呼び名である。

ともあれ、事業のなかで「地域生産・地域消費」、「地場生産・地場消費」が次第に縮まって、地産地消に変わったらしい。ロマンティックな響きとは裏腹に、地産地消はもともと、農村の食生活改善事業から生まれたお役所言葉だったのである。

第2章

〝トレンド〟としての地産地消

前述したように、「地産地消」は一九八〇年代前半、農水省が進めた農村の食生活改善運動から生まれた言葉だった。

農村の食生活改善と聞くと、少量の塩辛いおかずで米ばかり食べるでんぷん質依存をバランスよく正すための栄養教育や、煙やすすが眼病や気管支炎の原因になっていた竈《かまど》の改良、洗う、切る、煮炊きなどの炊事作業をしゃがんで行っていた土間から立式調理式に変える台所改善が思い浮かぶ。栄養不足と重労働、不衛生な環境からの解放だ。

しかし、それは終戦後から一九六〇年代までの話。全国の食生活が均質化して、みなが同じようなものを好んで食べるようになり、食の西洋化による栄養過多が問題視されはじめた八〇年代に、農村部をかつての自給自足体制に近づけ、地域の特色ある食文化を再構築しようというのが、運動のコンセプトだった。

イタリアで「スローフード協会」が発足したのが八九年だから、官製とはいえ、これを日本型スローフード運動と考えれば、早かった。

地産地消はどこ吹く風の「飽食の時代」

ところが当時の日本は、空前のグルメブームに湧いていた。なにせ流行語が「おいしい生活」と「飽食の時代」だ。八〇年代のはじめ、いちはやくブームになったのが高級フランス料理。それから繰り返されたブームの規模にくらべれば、いまネット上で話題を集めるSNS映えのフードや外食トレンドなんて、局所的な中小ヒットでしかないレベル。かすんで見える。

ちなみに、おいしい生活は、一九八二年に糸井重里が作った西武百貨店の宣伝用コピー。飽食の時代は、日本人が明らかに食べすぎはじめていることの自覚から、だれともいわず使われるようになった言葉。同じ頃、満州で細菌兵器の開発を行った731部隊を描きベストセラーになった森村誠一の『悪魔の飽食』から、飽食というインパクトのある語が一人歩きしたのかもしれない。まだ飢餓の記憶がある世代が多く、そこには批判的なニュアンスが濃かった。

フランス料理以外で、世間を賑わせた名前をざっと挙げてみると、エスニック料理、激辛食品、無国籍料理、飲茶に台湾屋台料理、スーパープレミアムアイスクリーム、アメリカンケーキとアメリカンクッキー、そしてバブルの絶頂期はイタ飯の天下だった。飲み物では、スポーツドリンクにウーロン茶、カクテルにチューハイ、ドライビール、ボジョレー・ヌーヴォー……と、見渡すかぎりカタカナ名と外来ものだらけで、地産地消なんて、どこ吹く風である。

そのなかで日本独自の食の再評価を打ち出して気を吐いたのは、作中で使われた「究極」が八六年度の新語・流行語大賞で新語部門の金賞（ちなみに銀賞は「激辛」だった）を受

上：『美味しんぼ』第１巻、ビッグコミックス、小学館、1984年
下：『東京Ｂ級グルメ』文春文庫、1986年。Ｂ級グルメブームの立役者となったシリーズの１冊

賞した漫画の『美味しんぼ』と、同時期に登場した「B級グルメ」だった。

B級グルメは、新しいものより古いもの、高いものより安いものを評価したのが、当時としては画期的な着想だった。しかし、ラーメンやカレーライスなど、大衆食における古き良き職人気質の賛美に力点が置かれ、地産地消に向ける眼差しはまだ熱くなかった。

一方、『美味しんぼ』は、原作者の雁屋哲によると、食のファッション化によって本物の味が失われていく飽食の時代へのアンチテーゼとして描かれたそうで、伝統回帰や地域主義、食の安全を強く唱えている。だが、作者の意に反して娯楽性の高いグルメ情報として消費され、それまで料理に興味のなかった層や子どもたちまでを巻き込み、グルメブームをいっそう煽ることになった。

八〇年代に芽生えた地産地消のフランス料理

家庭料理でも、グルメ志向が高まった。一丁一〇〇〇円の豆腐、一瓶一〇〇〇円の牛乳、一食一〇〇〇円のインスタントラーメンなど、日用食品の「一〇〇〇円グルメ」が出現して人気を博した。豆腐も牛乳も、大豆や乳牛の品種にまでこだわったご当地食品だったが、もっぱら注目されたのは値段だけ。外食に引けをとらない高級ブランド食品が売れに売れ、レシピ本や女性誌のクッキング特集では、人気シェフが作るおしゃれな西洋料理がもてはやされた。

と、書いているだけで軽薄だが、一億総中流時代において、食に関してだけは上流気分を享楽してしまったのが、八〇年代だった。

実はその八〇年代、地産地消的な取り組みをもっとも自覚的に行っていたのは、食のファッション化の先頭に立つフランス料理のシェフたちだった。

七〇年代の終わり頃から〝本場フランスで修業したシェフ〟がウリのレストランが次々と開店した。これがフランス料理ブームのきっかけで、はじめは現地そのままの味を再現していたが、ブームから定着へと移行するにつれ、目指すところが、日本の素材にフランスの技術を融合させた「日本人による、日本人のための、日本人らしいフランス料理」の創造に変わっていった。

フランスは、大農業国で、食料輸出国である。世界中から客が集まるミシュランの星つきレストランが、あっと驚くほどの田舎にあることも珍しくない。有名なシェフたちはみな、近隣の農業者や水産業者との結びつきと、土地の伝統的な産物を大切にして、地域に根ざした料理を出している。こうした地方のレストランで修業し、「本場」のあり方を学んだシェフたちが、帰国して地元の素材に目を向けたのは当然のなりゆきだった。

料理人が畑や漁港に足を運び、地場野菜や地魚を積極的に取り入れるようになってから、日本のフランス料理は劇的にメイド・イン・ジャパン化し、その方向性はイタリア料理にも波及した。

その頃の私は、フランス料理中心の料理ムックを隔月刊で作っていたので、たくさんのシェフの取材をした。彼らの口からは「生産者の顔が見える料理を作りたい」、「産地と調理場と客席を一本の線でつなぎたい」といった、熱い理想に燃える言葉がほとばしり出て、それまでにはない素材重視の料理作りに新鮮な感動を覚えたものだ。

「生産者の顔が見える」は現在、食料自給率向上運動の重要なキーワードになっている。彼らの発想は、それを二〇年は先んじていた。また、たとえば「○○漁港から直送の脂ののったイサキのソテーに△△村の◇◇さんが育てた旬のキャベツの煮込みを添えて」といったように、産地と生産者、品質にも言及した長いメニュー名がつけられるようになったのは、この頃から。料理人が農家と連携して珍しい野菜や家禽を育ててもらったり、流通には乗りづらいがフランス料理向きの魚介を漁師から直接送ってもらったりするケースも、少しずつ現れていた。

いまでは地産地消フレンチ、地産地消イタリアンといわれても、それほどの個性も感じず、ともすれば紋切り型に聞こえてしまうが、まだ地産地消が一般用語ではなかった八〇年代、最初に実践したのがフランス料理だったことは、いかにも日本らしい現象だった。なぜなら、日本にはいつでも流行は外からやって来たからだ。

石塚左玄の食養運動と「身土不二」

フランス料理の取り組みはもっと記憶されてもよいと思うが、実際に地産地消という言葉を世に広く知らしめたのは、二〇〇〇年代になっていよいよ加速していったグローバリゼーションと、それにともなう食料自給率のますますの低下、そしてなによりも多発した食の不祥事だった。

「地産地消」を大宅壮一文庫で検索してみると、二〇〇〇年まではなんとゼロ。二〇〇一年にやっと一件がヒットし、それ以降は少しずつ着実に増えていく。

とはいっても、それまで「その土地でできたものを食べる」という概念がなかったわけではない。以前は、「身土不二」と表現されることが多かった。

身土不二はもともと仏教用語で、「からだと土はふたつならず」という意味。転じて「身体と土地は一心同体であるから、人間は住む土地でできたものを食するべし」となり、食養運動がスローガンとして掲げ、有名になった言葉である。

食養とは、明治後期に陸軍少将薬剤監の要職にあった医師・薬剤師の石塚左玄が提唱した食事療法である。左玄は心身のあらゆる病気は食事が原因で起こり、正しい食事で体質を改善すれば、すべて治ると考えた。

もっとも特徴的だったのは、文明開化で導入された肉食と乳食を完全否定し、日本人は玄米と野菜を中心に食べていれば健康になると主張したことだ。左玄の思想は、マクロビオティックや自然食など、現代のほぼすべての健康食に受け継がれ、「伝統的な和食」が健康によいことの根拠にも使われている。後述するが、一九九五年に刊行され、粗食ブームを巻き起こした『粗食のすすめ』の主張も、ほとんど食養そのままだった。

美食情報として消費されたスローフード

地産地消の記念すべき雑誌デビューは、ＪＡグループの家の光協会が刊行している『地上』二〇〇一年六月号。地場野菜・地場流通の組織化やシステム化の必要性を説いた記事だった。あくまで農家向けだが、世紀の変わり目あたりから農業関係者や食の意識の高い人たちのあいだで、地産地消の取り組みがはじまっていたことがわかる内容だった。

地場生産・地場消費は、食のグローバリゼーションに対抗する世界共通の動きでもあった。アメリカ式の大量生産・大量消費と、地域の伝統食を脅かす食の工業化に異議を申し立てるスローフード運動は、生まれ故郷の北イタリアの小さな町から世界各地に拡大し、反グローバリズムを先鋭化させていた。

石塚左玄（写真提供：NPO 法人フードヘルス石塚左玄塾）

スローフード協会の最初の日本支部の設立は二〇〇一年だが、スローフードという名前自体は、その前からかなり知られていた。ただし、その頃に一般雑誌で紹介されたスローフードは、オリーブオイルや生ハムなどイタリアの伝統食品や、イタリアの田舎生活を体験できるエコツーリズム礼賛の美食紀行やレストランガイドが中心で、背景にある政治性が見事に覆い隠されていたことは特筆しておきたい。「イタリアのスローフードって素敵」な夢を見せてくれるだけの、問題意識の薄い情報消費に終始していた。

不安と危機が生んだ二一世紀の新トレンド

スローフードにはお気楽だった日本人も、二一世紀になってから次から次へと発生した食の事件に対しては、敏感だった。

二〇〇〇年の雪印集団食中毒事件にはじまり、〇一年は国内初のBSE発生、〇二年は雪印牛肉偽装事件、〇三年はアメリカBSE発生による牛肉輸入禁止（〇四〜〇六年には吉野家の牛丼販売休止）、〇四年は鳥インフルエンザ発生、〇六年は一九九三年の大凶作以来はじめて食料自給率（カロリーベース）が四〇パーセントを割ったことがメディアで大々的に報道された。〇七年は、ミートホープ食肉偽装事件、不二家の期限切れ原材料使用発覚、「白い恋人」賞味期限偽装表示、「赤福」製造日偽装表示、「船場吉兆」の産地偽装・賞味期限改ざんが立て続けに起こった。

極めつけだったのが、〇八年の中国製冷凍ギョーザ中毒事件である。青梗菜やニンニクの芽など、中国野菜がブームになって家庭料理に普及したのは八〇年代。その当時、中国産の中国野菜は「安全で、形が悪くても野菜本来のおいしさがある」と、称賛の対象だった。野菜に限らず、冷凍の点心類など、中国製の食品全般に対する評価は高かった。

それが、〇二年三月、中国産の冷凍ホウレンソウから基準値を超える殺虫剤クロルピリホスが相次いで検出されたときから、意識が一変した。

この年、中国の国家品質監督検査検疫総局が全国二三都市で行った野菜のサンプル調査で、約半数から国の安全基準を超える残留農薬が検出されたことも大きく報道された。以降、中国産ウナギから使用禁止の防かび剤マラカイトグリーンが、冷凍エビから抗生物質が検出され、中国製食品に対する不信感を募らせていた日本人に、冷凍ギョーザ中毒事件は決定的な衝撃を与えた。

「やっぱり中国食品は危険だ」「ついに怖れていたことが起きた」「中国産は毒食品だ」。この事件は、それまでは抑えていた嫌中感情を爆発させる引き金にもなった。食べ物の怨みはこわいのである。ところが気がついてみれば、生鮮食品も加工食品も中国産を排除したらコンビニ弁当ひとつ作れないほど、日本は中国からの輸入に頼るようになっていた。

食の信頼を揺るがす事件の数々を伏線として、冷凍ギョーザ中毒事件がとどめの一撃になり、政策として推し進められていた地産地消が表舞台に躍り出て、もてはやされるようになった。大宅壮一文庫のヒット数も、〇五年~〇七年の三〇件代から、二〇〇八年は五八件、〇九年は九七件と急増する。

大半が国産食品をめぐる事件だったにもかかわらず、中国食品へのヒステリックなまでの嫌悪感が理屈なき「国産なら安心安全」意識を強化したことが、一大トレンドになった地産地消の背景にある。発端は、中国嫌い。アメリカでBSEが発生して牛丼が食べられなくなっても、嫌米にはつながらなかったのとは大違いだ。

第3章　「食えるものは食え」のこころ――明治から太平洋戦争まで

鎖国していた江戸時代は、貴重品の砂糖など、わずかの例外を除いて食料の輸入がなかったため、当然ながら国内自給率は一〇〇パーセントだった。足りないぶんを輸入食料で補えないから、飢饉のたびに大勢の死者が出た。口減らしのために間引き（生まれた子どもを殺すこと）も行われた。

江戸中期からは、庶民がアクセスできる通俗情報としての料理書が人気を集めたが、非常時のために日頃からの食物備蓄の重要性を説いたり、代用食になる植物の選び方や調理の仕方を手引きしたり、さまざまな混ぜものをした「かて飯」のレシピを解説したりする「救荒書《きゅうこうしょ》」（三七頁参照）も料理書のひとつのジャンルとして確立し、数多く出版されている。

救荒食物（非常食・代用食）として推奨されている草や木には、現代人にとってもおいしいものが多いという。もう異常と感じられなくなった異常気象、頻発する自然災害、低迷する食料自給率……飢饉は遠い過去の出来事ではない。いまこそ江戸人の知恵に学ぶべきときかもしれない。

明治時代にはじまっていた輸入穀物への依存体質

近年まで摂取カロリーの大半を穀物に頼っていた日本人にとって、もっとも自給されるべきは、米だった。日本の食文化の基礎だから、米ばかりはずっと自給できていたと思ったら、大間違い。米余りの時代を過ごしてきた現代人には想像できないかもしれないが、完全自給をやっと達成できたのは、生産量が戦後ピークの一四四五万トンを記録した一九六七年だった。

米は明治時代の初期には外貨を稼ぐ重要な輸出品だったが、急激な人口増加で国産では需要を満たせなくなって、二〇世紀のはじめ、明治三〇年代から輸入がはじまった。

産業革命で工業化が進展し、資本主義が確立したこの時代、都市部だけでなく、雑穀主体だった農村部も主食に米の割合が増え、一人当たりの消費量が急ピッチで上昇していったことが原因のひとつだった。日本全体に、白いご飯志向が広がっていったのである。

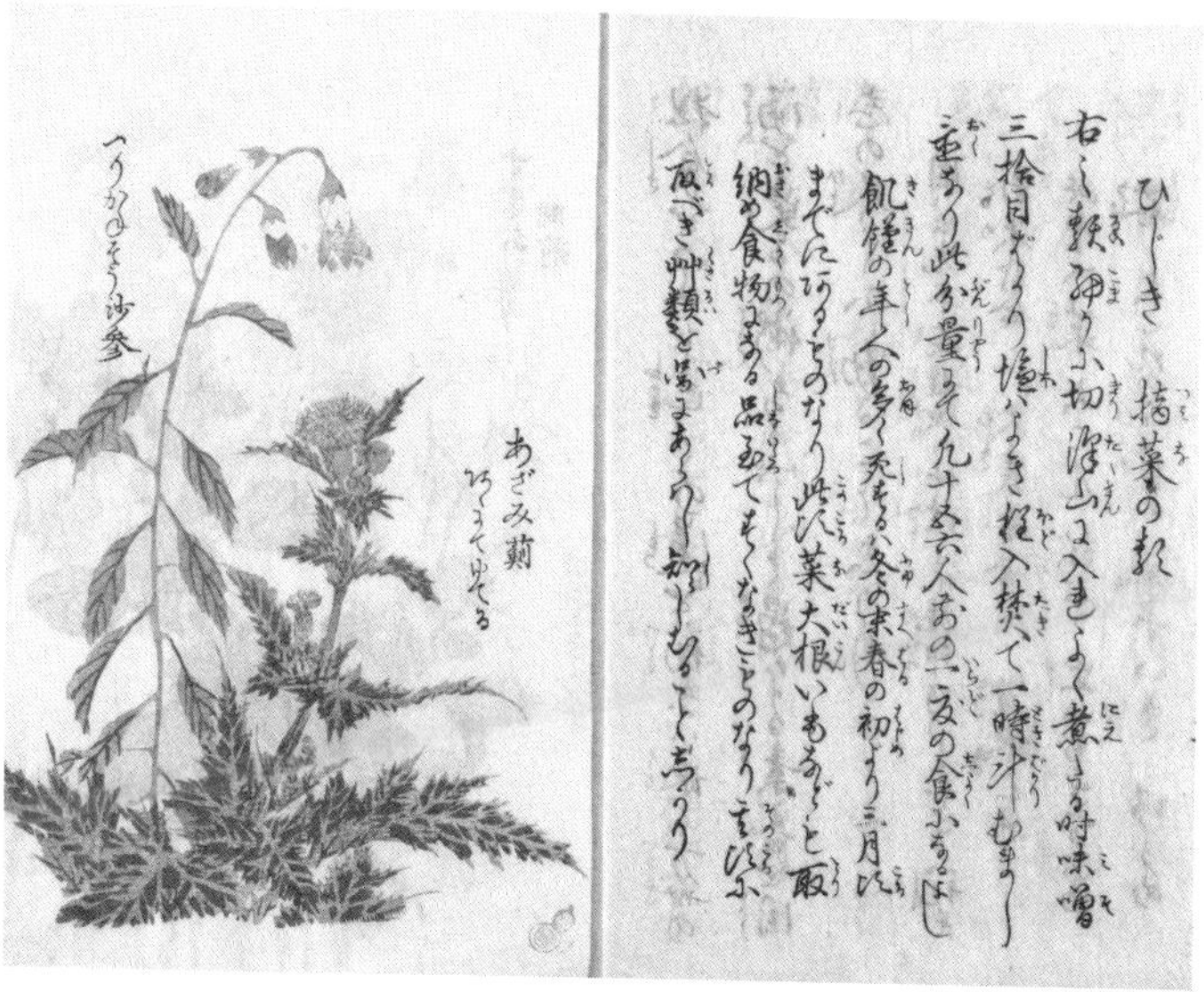

『救荒野菜圖説』岡安定、1851年（嘉永４）国立国会図書館デジタルコレクション。野草を代用食として解説した頁

明治期は、おもに仏領インドシナ、タイ、ビルマ、中国、アジアだけでなくカリフォルニアからも輸入した。一八九五年（明治二八）に台湾を植民地にしてからは、インディカ種しかなかったところに国産のジャポニカ種に近い品種の育成が進められた。また、一九一〇年（明治四三）に植民地化した朝鮮の米は、もともとジャポニカ種だったために食味が好まれ、増殖計画が推進されて生産量が倍増した。昭和に入ると植民地米は米の不足を十分に満たし、それどころか一九三〇年（昭和五）にはじまる恐慌期には過剰になった。

朝鮮の併合から太平洋戦争で食料事情が悪化するまで、日本人一人当たりの年間消費量はコンスタントに一五〇キロを超えていた。だいたい、三食とも茶碗三杯ずつの勘定だ。植民地から移入（植民地は国内扱いで、輸入ではなく移入と呼んだ）した米で、日本人はご飯をたっぷり食べられるようになったのである。日露戦争開戦の一九〇四年（明治三七）、米自給率は九〇パーセントだったが、日米開戦の一九四一年（昭和一六）には六九パーセントに低下していた。日本の穀物輸入依存体質は、はるか昔にはじまっていた。

外米に嘆く大正時代のプロレタリアート

朝鮮米と台湾米以外の外国からの米は、粒が細長いインディカ種だった。粘り気がなく、パサパサしていて日本人の舌に合わないが、値段が安かったため、貧しい労働者や農民の主食になった。

インディカ種は、外米、南京米と呼ばれ、国産米より味が劣るだけでなく、食べ応えがないことでも悪評高かった。この頃の雑誌には、それを嘆いた記事がよく見られる。

「外米を食えと政府は言う。併《ただ》し下層社會の経験によれば、その不味いのは我慢するとして、外米の腹にこたえないこと夥《おびた》だしい。胃袋の分量は三杯か四杯と定まっている。外米をそれだけ食って、昼にならぬ内にペコペコになっては、到底仕事が出来ぬ。おまけに外米は不味いから、どうしてもお菜が沢山いる。お菜を沢山喰べるのは、高い米以上に損である」（「米を中心とせる生活の叫び」『財政経済時報』一九一八年九月一日号）

外米では力が出ない、国産米を食べないと働けないと、不満を募らせる労働者の実感は、国産米信仰の原点という感じだ。インディカ種はジャポニカ種よりたんぱく質含有量が若干多いだけで、カロリーや栄養成分は変わらず、でんぷんの構成から考えると、インディカ種のほうが消化吸収に時間がかかるはずだが、不味いことに腹が立って、腹持ちまで悪く感じたのかもしれない。

すでに人口密度世界一の食料輸入大国だった

この記事が載った一九一八年（大正七）は、米価が暴騰し、民衆による抗議行動が全国に広がった「米騒動」の年。論壇誌や経済誌には、栄養学に基づいて米からパンに主食を改善すべきだとか、政府による米価調節が手ぬるいだとか、食料問題に関する論考が多数掲載されている。

そのほとんどが、国産米でないと満足しないのは困った悪癖であり、今後は外米だけでなく、南北アメリカやロシアの小麦など、世界各地で産する食糧を消費する習慣を作るべきだと説いている。足りなくなったら、外国から買えばよいという発想が、論壇の主流だった。

戦前期の月刊総合雑誌だった『経済往来』一九二九年一月号によると、総耕地面積に対する人口密度では、一九二四年時点で日本がダントツで世界一。「此の如く人口の密度の高い日本、それだけ自給自足に困難なる日本は、年々食糧の生産に従事せざる人口、乃《すなわ》ち消費側の人口がどしどし増加してそれが都市に集中せらるるのみならず、農作地は宅地工場等に変わってゆく」と、戦後の高度経済成長期と同じような状況だった。

「人口食糧問題管見」と題したこの記事で、筆者の下村宏（下村海南。ジャーナリスト・政治家。鈴木貫太郎内閣の国務大臣・情報局総裁として玉音放送の実現に尽力）は、「土地の面積に限りがあり人口の増加に限りなしとすれば、ここ五十年百年は何んとか凌ぎがつくとしても悠久なる人類なり地球の長い長い将来を達観すれば必ずやそこにある行詰まりに到達せずにはおかない」と、書いている。さすがに日本の人口減少までは想像もつかなかっただろうが、下村の予言は世界規模で、見事に的中しているではないか。

一九三〇年における内地人口は、六四四五万人。明治初年の約三〇〇〇万人から倍増し、毎年の増加率は世界一だった。人口密度はイギリス、ベルギーよりは低かったが、両国とも広大な属領と植民地を擁していたので、実質的には日本が世界一。国土は小さく、さらに耕地面積は全面積の七分の一と狭い。しかも、天然資源が乏しい国だから、生活物資は不足を続け、すでに外国からの輸入食料に頼らざるをえなくなっていた。

先述したように、まず主食の米が不足。麦、豆、砂糖、牛肉、鶏卵の輸入は三億円に達し、水産物などの輸出を差し引いてもなお一億円以上の赤字。また、国内での食料生産に使われる肥料の輸入は一億五〇〇〇万円に上った。

文明開化から六〇余年、脱亜入欧で工業による近代化を進めた結果の食料不足である。もう少しうまい農政はなかったのかと思う。これから日本は中国と南洋をターゲットに、戦争に突き進んでいく。

自給確保をめざす新興食糧開発のすすめ

戦時下の国内食料自給率を向上しようという努力には、涙ぐましいものがあった。軍隊食の開発・製造・補給を担っていた陸軍糧秣本廠《りょうまつほんしょう》の主計少将兼、外郭団体である「糧友会」の代表だった丸本彰造という軍人がいる。

兵站《へいたん》（食料や武器弾薬、燃料などの調達・補給・輸送を行う後方支援）を軽視して無謀な作戦を敢行し、兵士に大量の餓死者を出した日本軍のイメージとは異なり、丸本は非科学的な精神主義には批判的で、栄養や経済にもとづいて兵食の改善に取り組んだ人。また、国民栄養の向上を目的に、一九二六年（大正一五）二月から一九四五年（昭和二〇）一月まで糧友会が刊行していた『糧友』は、科学的視点と合理的な食生活の提案が当時としては画期的な料理雑誌だった。

食糧のプロ中のプロで、中国の羊肉料理を研究したり（四五頁写真参照）、ライ麦パンやもやし普及のキャンペーンに努めたりと、いつでも先見の明がありすぎる丸本の論文を読むのが、実は私は好きだったりする。

その丸本が、日米開戦直前の『文藝春秋』一九四一年一一月号で、きわめて具体的な「新興食糧」開発のすすめを発表している。臨戦食がどのようなものだったかがリアルに見えてきて、その後の戦況の悪化が招く壮絶な食糧難を予感するような内容だ。箇条書きで紹介してみよう。

①頭をめぐらし山海を探ってみると、これまで顧みられなかった山野草、海藻の類がある。これらを新食糧資源として活用する。

②これまで肥料や飼料として用いられた魚類・魚粕・脱脂糠・蚕蛹の類を食糧化する。

③生鮮品として取り扱われているサツマイモ、ジャガイモその他野菜類を乾燥加工して貯蔵性を付与し、重量と容積の軽減によって従来の貯蔵・輸送・配給中の腐敗を防止し、廃棄量を救済する。

④新たな工夫、技術加工によって、栄養率を高度化できる食糧、たとえば生大豆粉、新興米、興亜パン、栄養粉、麺類その他の栄養配合食によって食糧価値を増大させ、消費量を節約する。

⑤地方に偏在または潜在して、腐敗と浪費にまかせられている食糧を、困窮している地

方に流用する糧道を講じる。

つまり、いままで食べ物として認めていなかったものにくまなく目をつけ、食えるものは食えということである。

なお、この年の四月、米の配給制が六大都市からはじまり、全国に広がった。配給量は成人一人一日当たり二合三勺（三三〇グラム）。一年間だと一二〇キロになり、それまでの一五〇キロ強から二割も減らされたことになる。

食文化の改変を迫った国家総動員法

具体的に説明すると、たとえば魚類・魚粕の食糧化とは、肥料や家畜飼料としてだけ利用されていた魚油の搾り粕を食用魚粉に加工し、パンや麺類に配合すれば、全国民に最小限度の動物性たんぱく質を補給できるという提案。実際に、「興亜パン」の名で製品化された。

これは「興亜建国パン」とも呼ばれ、小麦粉に大豆粉（または砕米粉、麦こがし、ライ麦粉、きな粉)、トウモロコシ粉（またはそば粉、コーリャン粉、ジャガイモ粉、サツマイモ粉）、魚粉か海藻粉、野菜を混ぜたパンで、家庭ではイーストをふくらし粉で代用し、焼くのではなく蒸すよう指導された。いまではパンには生地にチーズやクルミ、コーンなどの固形物を練り込んだいろいろなバラエティーがあるが、当時としては斬新なアイデアである。だが、魚粉がそうとう生臭かったらしい。主食と副食を兼ねる完全栄養の節米代用食として評判になったものの、普及しなかった。

全国の女子学生を秋のイナゴ獲りに、東北と北海道の学徒を山菜採りに動員する等々、国家総動員法で義務づけられた学生の勤労奉仕隊に、未開発の食用資源の採集に当たらせ

上：丸本彰造の著作『大陸花嫁教育満洲適応食生活の知識』糧友会、1939年（昭和14）
下：『緬羊の飼方及び羊肉調理法』糧友会編、農村食生活指導パンフレット、1936年（昭和11）
いずれも、国立国会図書館デジタルコレクション

れば「その効果頗《すこぶ》る大なるべきこと明らか」と、もう、大本営発表とはあまりにも差のあるみみっちさに驚く。と同時に、総力戦とは、これほど食生活の改変を迫るものかと愕然とする。いちばん凄まじいのは、醤油と味噌だ。

カイコのさなぎで純国産醤油を作りましょう

醤油と味噌ともに主要原料のひとつは大豆だが、大豆は国内消費の七割が満州産の大豆に依存しており、供給が逼迫するようになっていた。そこで大豆の代替品として提唱された原料が、カイコのさなぎから油を採取したあとの搾り粕と、海藻類だった。

生糸製造の副産物であるさなぎは、貴重なたんぱく源として食用にする地域があり、実際に栄養価も高いが、用途はもっぱら家畜や養殖魚の飼料か畑の肥料だった。特有の臭みをやわらげるため、さなぎは醤油で煮て佃煮にするのが一般的で、今日では珍味として愛好する人もいるが、その醤油をさなぎで、しかも搾り粕で作れというのである。

「これならば国産品であり、これまで利用されなかったものだから原料的に事欠かず、生産費は低廉」と丸本はいうが、なんとも涙ぐましいメイド・イン・ジャパン醤油である。

丸本は最悪の事態を想定したのかもしれないが、本当にさなぎや海藻から醤油が作られるようになった。また、醸造の工程を省き、アミノ酸液に味つけしただけの化学的な醤油（アミノ酸醤油）も出回り、戦後に醤油が本来の味を取り戻すまで、長い時間がかかった。食料自給という名分で、米や醤油や味噌だけでなく、食の文化や習慣のすべてが、戦争で壊滅的な打撃を受けた。

「云うまでもなく、食糧の確保と国民体力の増強を要求すること、今日より甚大にして急迫なるはない。各家庭は台所に生ずる残菜、残飯、魚骨、根菜の切屑、空閑地利用生産物の余剰品、何にても乾燥して粉とし、常用し、貯蔵せよ。而《しか》して一方には、芋類、野菜類の粉、山野草海藻の粉、魚類の粉、蛹類、米糠等の加工製造業が新興し、家庭貯蔵と相俟《あいま》ってこれ等新興食糧品が国内に充実して一大国防貯蔵を形成するよう、吾等の切望に堪えないところである」

丸本はこう結んでいる。こうしたキャンペーンがあらゆるメディアを通して繰り広げられて、日本人は自給率アップと食品ロス削減に邁進したのだった。

第4章　食生活の五五年体制

敗戦後の食糧難は、戦中を上回った。

一九四五年（昭和二〇）は、全国的に雪が多くて寒い冬にはじまり、夏もまれに見る冷夏だった。秋は二回、大型台風に襲われて全国で水害が起こった。そもそも農村の働き手は牛馬を含めて戦争に取られ、農機具の補充もできず、肥料は不足し、土は痩せて耕地は荒廃していた。そこに自然災害のダブルパンチで、大凶作に見舞われたのである。米の収穫量は、例年の六割程度しかなかった。

重要な供給地だった朝鮮と台湾からの移入米を失ったうえ、海外にいた民間人と軍人がいっせいに帰ってきた。引き揚げ者と復員軍人の数は、四七年までになんと約六二四万人。人口が急激にふくれあがっていくのに、食べるものがない。

戦争に負け、待っていたのは、いまだかつてない飢餓。弱り目に祟り目、泣きっ面に蜂とはこのことだ。

餓死が、いまそこにある危機に

米の配給量は、二合三勺（三三〇グラム）から、二合一勺（三〇〇グラム）に減った。しかも米が三、雑穀（イモ類を含む）が七の配合で、配給が遅れたり（遅配）、なくなったり（欠配）が相次いだ。

三〇〇グラムのコメを炊くと、だいたいご飯茶碗四、五杯なので、現代人の感覚では十分だが、副食用食料の配給はもっと乏しいため、主食で生きるのに必要なカロリーの大半を摂る必要がある。だが、三〇〇グラムの米から摂れる熱量は、たったの一一〇〇キロカロリー弱。それだけでは働く体力も気力も出るわけがない。都市に暮らすだれもが、生き延びるためにヤミ市や、農村への買い出しで食いつながねばならなかった。

一九四六年（昭和二一）の国民栄養調査によると、都市部住民の一日一人当たりの摂取熱量は、一五一〇～二〇〇〇キロカロリーだが、配給の食料では一五〇〇キロカロリーがやっと。実際はもっと低く、一二〇〇キロカロリー程度だったといわれ、東京の場合、配給だけでは七七五キロカロリーしか摂れなかったという恐ろしいデータもある。

「栄養失調」という新しい言葉が流行語になったが、実際に都市部では栄養失調による餓死者が続出した。東京では上野駅付近の餓死者が一日平均二・五人、大阪では一か月で六〇人以上が亡くなった。このままでは一〇〇〇万人が餓死するという説が流れたほどだ。

アメリカに拒否された食糧輸入

ＧＨＱ（連合国軍最高司令官総司令部）の放出残飯が、「栄養シチュウ」の名前でヤミ市や食堂で飛ぶように売れ、空前絶後のブームになった。アニメーション映画『この世界の片隅に』で、主人公のすずがラッキーストライクの包み紙が浮いた謎の煮込みを食べて「うめー」と呻くシーンがある。あれである。

醤油も塩も、ヤミでさえ手に入らなかったのに、このシチュウには小さいながら肉も入って、油気も香料も十分きいていた。このあいだまで鬼畜米英だったのに、米兵の残飯とわかっていても、ひもじさは敗北感や屈辱を脇に追いやった。「欲しがりません勝つまでは」の末路が、これだった。

かわいそうだったのは戦中・戦後に成長期を過ごした児童で、身長・体重ともに、それ以前よりずっと小さくなってしまった。それでも、いま写真に残る、焼け跡を走る進駐軍のジープにむらがってお菓子をせがむ子どもたちの表情は、むちゃくちゃ明るい。チョコレートやガムのおいしさは、アメリカの印象を一新させただろう。

政府は敗戦から二か月経った一〇月、GHQに食糧の輸入を申請したが、アメリカ政府に拒否された。当時は日本だけでなく、世界的に食糧が不足していたのと、中国、朝鮮、フィリピンなど、解放地域の食糧確保が優先されたことが理由だった。植民地と占領地の食糧危機を招いた日本が、なにをいまさらの自己責任論である。

復活メーデーのスローガンは「働けるだけ食わせろ」

食糧難の社会不安は、政治運動に発展した。一九四六年に入ると各地に「米よこせ大会」が広がった。五月一日に皇居前広場で一一年ぶりに開催された復活メーデーのスローガンは、「働けるだけ食わせろ」。続く一九日の「飯米獲得人民大会（食糧メーデー）」には二五万人の市民が集まり、欠配米の即時配給、学童への給食復活、食糧の人民管理、社会党と共産党を中心とする民主政府樹立などを訴えた。

GHQは「暴民デモ許さず」の声明を出す一方で、小麦などを緊急放出して急場をしのいだ。ようやく食糧輸入の必要性が認められ、アメリカからの正式援助がはじまったのは七月だった。そのまま放置されていたら、さらに大規模な運動が起こり、日本の体制は変わっていただろうか。だが、だれが政権を取ろうと食糧が絶対的に足りないことは変わらない。日本人の生殺与奪は、アメリカに委ねられていた。

輸入食糧を無駄なく上手に食べましょう

こうして戦後の食は、輸入にすがるしかないところからスタートした。

輸入食糧は小麦粉を中心に、トウモロコシ粉など各種の粉類、なぜか缶詰や砂糖なども混じり、主食としてどうやって食べるかが大問題になった。ときにはコンビーフが何日も続き、大量の砂糖が配給されたときは、カルメ焼きにして腹に押し込む、といった具合だった。肉や糖分は嬉しくても、飯のかわりにはならなかったろう。

一九四七年（昭和二二）に「輸入食糧指導者講習会」が開催され、指導された調理法をもとに、各都道府県で講習会や展覧会、移動展示会が行われて、どうやったら合理的に食べられるかを指導した。

四九年（昭和二四）に輸入食糧調理指導委員会篇、農林省・厚生省・食糧配給公団監修のパンフレット『輸入食糧の上手な食べ方』が、全国粉食普及会から発行されている。序文からは、まだまだ主食が足りない様子がわかる。

「昭和二十三年から二合七勺の配給が行われるようになりましたが、国内食糧による自給自足はまだまだ困難です。敗戦で朝鮮、台湾、満州からの食糧が入らなくなったことと、海外からの多くの引揚者で人口が増加し、食糧の輸入は昭和二十一年には七〇万トン、同二十二年には一九〇万トン、同二十三年には二〇〇万トン、と年々増加する一方です。こういうわけで輸入食糧が配給主食に占める割合は、当分二割から二割五分を下ることはないといわれています。しかも輸入食糧のうちにはわたくし達に親しみのうすいものもあるので、この貴重な食糧を無駄なく生かして食べていただくために、ここにその調理法のテキストを刊行いたしました。広く御活用するよう御願いいたします」

全三二ページに、小麦粉、トウモロコシ粉（コーンミール）、コーンスターチ（トウモロコシでんぷん）、脱脂落花生粉、でんぷん（小麦、甘藷、馬鈴薯、サゴヤシ）、大麦粉、グリンピース、マイロ（コーリャン）の粒と粉などのレシピがぎっしり載っている。小麦粉のパン、うどんは別として、どの粉も水で練り、団子、すいとん、葛餅、お焼き風にして食べたようだ。ただ炊けばよいだけの米と違って手間がかかり、あまりおいしくなさそう。慣れない粉の調理に苦労した人々は、あらためて米の主食としての優秀さを実感しただろう。

上：1946年５月19日皇居前広場に集まった人々。藤原彰編『日本民衆の歴史10』より
下：『輸入食糧の上手な食べ方』全国粉食普及会、1949年

押しつけられたアメリカの余剰農産物

戦後の食の変化では、パンをはじめとする小麦食品の消費が増えたことが、大きな特徴として挙げられる。背景には、日本に余剰農産物を受け入れさせようとするアメリカの食糧政策があった。

これが、「アメリカ小麦戦略」と呼ばれ、そのために日本の食生活は急激に洋風化させられ、米離れが進み、自給率が下がってしまったと、あたかも日本がアメリカの餌食になったかのように語られる言説だ。陰謀論めいているが、たしかに一九五四年（昭和二九）の「日米相互安全保障法（ＭＳＡ）」と、五五年からの「余剰農産物協定（ＰＬ４８０）」を重要な契機として、日本はアメリカの穀物への依存度を深めていった。

日本はＭＳＡで、五〇〇〇万ドルの小麦をアメリカから購入し、代金の八割は在日米軍の駐留費用に、残りの二割は見返りとして日本に贈られて、自衛隊の発足と再軍備化に使われた。ＰＬ４８０では、通常輸入量の上乗せで、協定で決められた小麦、大麦、トウモロコシなどの飼料穀物、カリフォルニア米、葉タバコ、綿花を購入しなければならなくなった。
その前から、すでに日本はアメリカの農産物輸入量で世界第一位だったから、これで飛び抜けたお得意様になったわけだ。

粉食キャンペーンと国産マカロニの誕生

通商白書によると、輸入総額に占める食糧の割合は、一九四六年五五・六パーセント、四七年五六・三パーセント、四八年四六・三パーセント、四九年四〇・一パーセント、五〇年四二・二パーセント、五一年二五・二パーセント、五二年三〇・五パーセント、五三年二五・九パーセントと順調に減っていったが、MSAの五四年は二七・三パーセントと上昇、PL480の五五年は二五・三パーセントだった。

PL480はドルではなく円での支払いが認められ、日本政府は資金を借款として、電源開発、農業用水建設、土地改良事業などのインフラ整備に利用したが、一部を必ず「アメリカ農産物の日本市場開拓」に使うことが義務づけられていたのがミソ。その一環で、調理設備のついたキッチンカーが全国を巡回して小麦粉の使い方を実演指導したり、プロ向けの製パン技術講習会を開いたりの粉食キャンペーンが大々的に行われた。また、代金の二五パーセントは学校給食事業に贈られ、パン給食の普及拡大に寄与した。実際に、パンが食生活に浸透するのに、学校給食が果たした役割は大きかった。

こんなエピソードもある。過剰になった輸入小麦を消化するため、小麦粉に輸入外米の屑米粉を一割程度混ぜてこね、米の形に加工した「人造米」が開発された。小麦粉を米粒化するなんて、日本人しか思いつかなそうなアイデアだ。話題にはなったが、特有の臭いが嫌われて、すぐに消えてなくなった。だが、加工用にイタリアから輸入したパスタ製造機を使い、五五年に国産初のマカロニが発売されて、あっというまに人気商品になった。パスタ普及の原点は、アメリカの余剰農産物処理にあったのである。

放棄された増産計画と自給への道

アメリカから「買え」といわれたら、断れない立場とはいえ、日本が払った代償は大きかった。ＭＳＡ以来、輸入を減らせない枠がはめられ、農業政策を転換せざるをえなくなった。

昭和30年代の給食風景（写真提供：独立行政法人日本スポーツ振興センター）

政府の弱腰に対する批判の声は大きかったが、資金は借款として土地改良事業などに有効利用できるうえ、輸入するのは足りない作物だけだから、日本の農業を圧迫することはないと、政府は弁明した。

だが、一九五一年（昭和二六）のサンフランシスコ講和条約調印後、自給割合の引き上げを目標に立てられた食糧増産計画が、なしくずし的にしぼんでいった。国家予算のなかで農林予算の占める割合が、五一年一〇・六パーセント、五二年八・八パーセント、五三年七・九パーセント、五四年七・八パーセント、五五年六・〇パーセントと、年を追うごとに縮小した。減らしたぶんは再軍備費にまわされて、防衛関係予算が増加していった。

陰謀ではなく、アメリカの穀物への依存は、わかっていて選んだ道なのである。日米の経済協力と軍事協力は、日本という国が走るための車の両輪になった。

九〇年代後半、粗食がブームになったことがある。きっかけを作ったのが、九五年発売の『粗食のすすめ』。昭和三〇年（一九五五）以降、日本人の食習慣が急速に欧米化し、動物性食品と油脂類の摂取が増えたことを「食生活の『五五年体制』」と呼んで批判し、伝統食（といっても飯・汁・漬物が主体で、おかずは少しだった戦前までのスタイル）の復活を説いてベストセラーになった健康本だ。

九三年の細川内閣誕生で、五五年からの与党自民党一党支配が崩壊した記憶も新しい頃だったから、食生活の五五年体制という呼び名には説得力があったが、五五年はＭＳＡに続いてＰＬ４８０が結ばれた年だと思うと、絶妙なネーミングだった。

ふたつの協定によって、自給を放棄し、米以外の穀物はアメリカから買うという、いまに続く方向性が固められた。これ以降、米麦二毛作はすたれ、農地に麦を見ることが少なくなった。その一方で、小麦が食生活の基本に組み込まれるようになった。

栄養改善で新しい国づくりに燃えた人々

アメリカの小麦が余りはじめたのは記録的大豊作の一九五二年（昭和二七）からで、ＭＳＡの締結は先述のように一九五四年、一回目のＰＬ４８０締結は翌五五年だった。

敗戦直後は米を輸入したくても輸出してくれる国はなく、粉食の奨励は、まず生き延びるための策だった。ＭＳＡの前から小麦粉を使ったラーメンがヤミ市や大衆食堂の花形メニューに躍り出て、やがて国民食になったのは周知の通り。四九年は豊作で、五〇年からは外米の輸入量が増え、やっと待望の銀シャリ（白いご飯）にありつく機会が増えていった。それまでは茶色い半搗《つ》き米で、しかもイモを混ぜたりして増量した「かて飯」が中心だった。

『世界の馬鈴薯料理集』東佐與子、中央公論社、1949年

米ばかり偏愛し、大食する従来の食習慣を反省し、戦後真っ先に主食の改善を志したのは、日本の栄養学者や栄養士、家政学者や料理家た

ちだった。

肉食と洋食がかなり普及していたとはいっても、戦前までは三食で摂る総カロリーの八割前後を主食の米が占め、たんぱく質と脂質が極端に欠乏したアンバランスな食生活を送っていた。栄養不良が原因で脳溢血や脚気、結核にかかる人が多く、平均寿命が男女とも五〇歳に届かない短命国だったのである。

「わが国の家庭料理ほど、栄養的にも、美味の点からも、貧弱《まずしい》ものは外国にも少ないようである。千遍一律な味噌汁とたくあんが常にわれわれにつきまとっている」（『栄養料理辞典』誠文堂新光社、一九四九）と、厳しいことを書く小田静枝は、日本栄養士会理事の栄養生理学者。飯・汁・香の物を組み合わせた和食の伝統セットを、ばっさり切っている。

占領期、GHQの指導のもと、主食の比率を減らし、副食で動物性たんぱく質、油脂、ビタミンやミネラル類の量を増やす栄養改善普及運動が始まった。日本の専門家にとって、欧米の食生活は手本にすべき理想型だった。日本人の健康増進と体位向上をめざして、栄養面からの新しい国づくりに燃える彼らにとって、米がないという状況は、むしろ好機だったといえる。

大正時代に日本人女性としてはじめてパリの名門料理学校「ル・コルドン・ブルー」に

留学した日本女子大教授、料理研究家の重鎮だった東佐與子は、こんな過激なことを書いている。

「この民族の飢餓を克服するのみならず、積極的に生活水準を高めるために、食糧を増産し、その消費法（即ち調理法と食べ方）の懸命な研究と、食体系の根本的な革命こそは、新日本建設のため、絶対の必要事であろう。もはや私たちは米にだけは頼ってはおられぬのである」（『世界の馬鈴薯料理集』中央公論社、一九四九）

こうした懸命な栄養教育の成果もあって、「食生活の五五年体制」が確立していった。

第5章

食糧危機ふたたび!? 大豆ショックとオイルショック

焼け跡から這い上がって、急速な経済成長に突き進んでいった戦後復興は、「日本すごい」論の基本中の基本のよりどころだ。そこで讃えられるのが、日本人の勤勉さや忍耐強さ、意思の強さなどの美質である。だが、それでは飲まず食わずでも根性さえあれば勝てると信じた戦争中の精神主義とかわらない。竹槍じゃあ鉄砲には勝てない。復興に向けて先立つものは、お金である。

経済成長の入口に導いた朝鮮戦争特需

前章から時間を少しさかのぼると、復興の大きな足がかりになったのが、一九五〇年(昭和二五)の六月に勃発した朝鮮戦争だった。五三年七月の休戦協定まで、三年間続いた朝鮮戦争で、国連軍の補給基地になった日本には、ふってわいたような特需景気がやってきた。

アメリカ軍から軍需品の生産や修理、輸送、基地の建設や資材などが大量に発注されたおかげで、日本の企業はおおいに潤って、深刻な戦後不況から脱出することができたのである。

特需は五〇年の半年間で約一億四九〇〇万ドル、五一年は約五億九二〇〇万ドル、五二年は約八億二四〇〇万ドルと年々拡大し、五五年までの累計は約三六億ドルという膨大な額にのぼった。鉱工業生産指数は、五〇年一〇月に戦前水準を超え、国民総生産（GNP）も五一年度に戦前水準を回復した。

かつての植民地を分断する戦争で日本経済が救われ、高度成長と再軍備への道を歩みはじめた一方で、朝鮮半島では、実に人口の約二割が犠牲になり、全ての都市が焼け野原となった。太平洋戦争で日本に投下された爆弾の、約四倍を使っての無差別空爆だったという。休戦後の食糧難は、日本を上回ったことだろう。

食を楽しむライフスタイルの復活

悲惨だった朝鮮半島情勢をよそに、特需で日本の食料事情は急速に好転していった。

その頃、早くも戦後初の健康美容食ブームが起こっている。毎日飲めば、だれもが五歳は若返って長生きできるとうたわれた「ハウザー食」だ。野菜か果物の生ジュースに、小麦胚芽、ビール酵母、ヨーグルト、脱脂粉乳、糖蜜を混ぜた、いまでいえばスムージーのような栄養ドリンクだった。このあいだまで飢えていたのに、驚くべき立ち直りの早さである。

ハウザー食はグレタ・ガルボはじめ、ハリウッドスターの御用達だった栄養学者、ゲイロード・ハウザーが提唱した一種の食事療法で、一九五一年（昭和二六）に雄鶏社から翻訳が出版された『若く見え長生きするには』で紹介されてあっという間に広まり、電気ミキサーが爆発的に売れるというおまけつきだった。家電ブームの先駆けである。

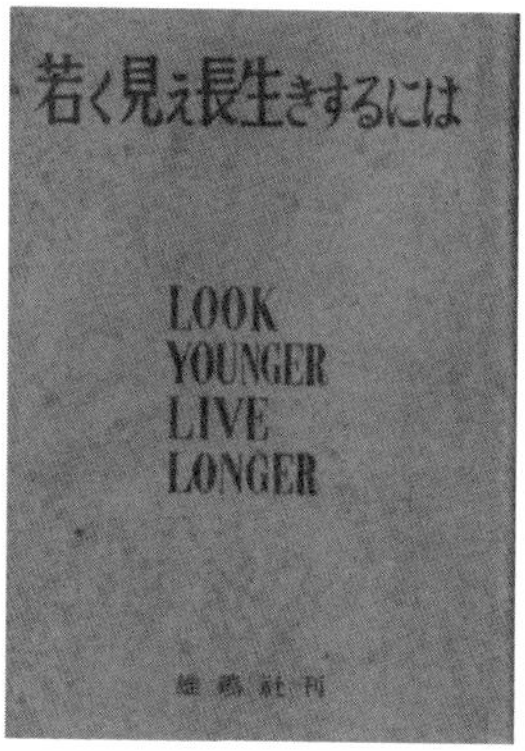

『若く見え長生きするには』ゲイロード・ハウザー、1951年

クリスマスケーキにぱっと人気が出たのは、五二年の暮れから。以降、クリスマスケーキは洋菓子店のドル箱商品になった。戦前から、クリスマ

スイブは男たちがキャバレーやダンスホールで馬鹿騒ぎをする夜だった。その風習がすたれはじめて、お父さんが子どものためにケーキとプレゼントを買って帰り、家族で楽しむ日にかわっていった。マイホーム主義の台頭である。

家庭料理の実用書の出版点数がどっと多くなるのも、五一年からだ。『一年中の家庭料理大全集』（婦人生活編集部編、一九五二）、『経済でおいしいお惣菜料理集』（主婦之友社編、一九五二）といったように、基礎から応用までが一冊にみっちりと詰まったレシピ集が目立つのは、何冊も買える余裕はまだなかったからだろう。

五三年二月にNHKテレビ、八月には日本テレビの本放送がスタート。NHKは年末に料理番組の試験放送を実施し、海軍主計一等兵曹として敗戦を迎え、大阪の割烹学院で教えていた土井勝がおせち料理を実演して見せた。

戦争で親から子への伝承が途絶えたため、家庭料理はもっぱら家の外で学ぶものになった。各地に料理学校や料理教室が次々と開設され、土井をはじめ、飯田深雪、河野貞子、赤堀全子、江上トミ、田村魚菜など、戦後第一期の人気料理研究家の活躍がはじまった。彼らはまた、レシピ本を次々と執筆して、より栄養豊かで衛生的な家庭料理の啓蒙普及に努めた。

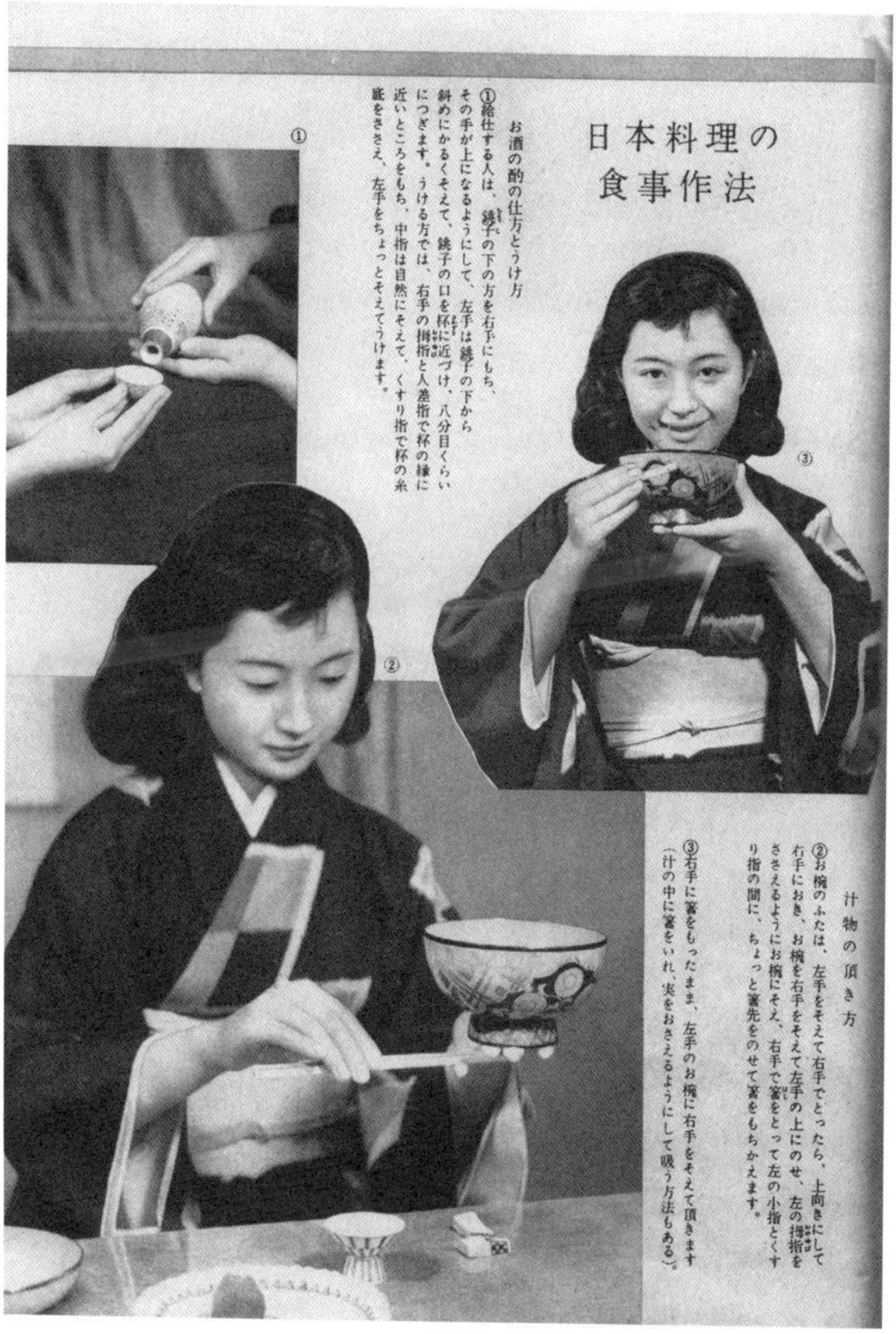
日本料理の食事作法

お酒の酌の仕方とうけ方

①給仕する人は、銚子の下の方を右手にもち、その手が上になるようにして、左手は銚子の下から斜めにかるくそえて、銚子の口を杯に近づけ、八分目くらいにつぎます。うける方では、右手の拇指と人差指で杯の縁に近いところをもち、中指は自然にそえて、くすり指で杯の糸底をささえ、左手をちょっとそえてうけます。

汁物の頂き方

②お椀のふたは、左手をそえて右手でとったら、上向きにして右手におき、お椀を右手をそえて左手の上にのせ、左の拇指をささえるようにお椀にそえ、右手で箸をとって左の小指とくすり指の間に、ちょっと箸先をのせて箸をもちかえます。

③右手に箸をもったまま、左手のお椀に右手をそえて頂きます（汁の中に箸をいれ、実をおさえるようにして吸う方法もある）。

50年代に多数刊行された家庭料理の実用書のひとつ『料理　基礎から応用まで』。河野貞子・松本文子、光文社、1957年。日本料理の食事作法まで解説されているまだまだ貧しかったが、こうして少しずつ食を楽しむゆとりを持てるようになっていった様子からは、当時の日本経済の好調ぶりがよくわかる。

農村を救うはずだった農業基本法

「日米相互安全保障法（MSA）」と「余剰農産物協定（PL480）」をきっかけに農政が転換し、米以外の穀物はアメリカから買う方向性が定まったことを前章で書いた。これを法律で決定づけたのが、一九六一年（昭和三六）六月制定の「農業基本法」である。

特需をバネに、高度経済成長期に入ったのが五五年。経済白書に有名なフレーズ、「もはや戦後ではない」が記されたのは、五六年だった。

五五年は、史上空前の大豊作を迎えた年でもある。四六年から九〇〇万トン台を続けていた米の生産量が、一挙に一二三八万トンを記録し、それ以降はコンスタントに一〇〇〇～一二〇〇万トンをキープした。

六年続きの豊作だった六一年には、すでに将来の米余りが見越されていた。過剰な農業人口を抱え、他産業にくらべてはるかに所得が低く、ひとり高度成長から取り残されていた日本農業は、曲がり角に来ていた。

近代化と合理化で農業の発展と農業従事者の地位向上を図り、所得格差を是正するのが、農業基本法の目標だった。「成長めざましい鉱工業の労働力に農業人口を移動させ、農業人口を減らしたぶんは、農業技術の向上や土地や水の有効利用、機械化、共同化で生産性を高める」「農業だけで自立できる近代的な家族経営農家を育成する」「農産物の流通の合理化、加工の増進および需要の増進を図る」「農業の近代化を担う人材を養成する」「農村地域に工場を導入し、地方経済を促進する」などが、おもな骨子だった。

農業基本法は当初、「農業界の憲法」と呼ばれたというが、農家の地位と所得向上はともかく、ざっとまとめると零細が多かった農家を減らして人員を鉱工業に投入し、合理化で生産量を増やそうという骨子に、新憲法のような熱い理想はどうしても感じない。

スローガンは「畜産三倍、果樹二倍」

農業基本法でもっとも注目すべきは、「選択的拡大」と表現された生産目標である。農産物を、これから需要が増大するものと減少するものに仕分け、増大するものに生産を切り替えるという政策だ。選ばれたのが、畜産と果樹、次に野菜。「畜産三倍、果樹二倍」がスローガンになった。また、外国産農産物と競争関係にあるものは、生産を合理化する。経済性を重視して、外国産のほうが安いものは輸入すればよい、ということだ。

最大野党の社会党は、「生産力の飛躍的拡充で農畜産物の自給度を高める」という基本方針を掲げて対抗したが、混乱のなかで政府案が国会を通過して成立した。戦前からの輸入依存体質は、そうそうかわるものではなかった。

結果といえば、たしかに生産性の向上と農業所得の増大には成功したが、ほかは周知の通りだ。兼業化が進行して自立経営農家の育成は失敗。一九六〇年にはカロリーベースで七九パーセントもあった食料自給率は、右肩下がりで減っていった。農業人口は減りすぎて高齢化が進み、耕地面積は減少し、耕作放棄地が増大した。

農業の衰退がだれの目にも明らかになっていた九九年、農業基本法は廃止され、かわりに施行されたのが「食料・農業・農村基本法」である。

「高度栄養成長期」がやって来た

農水省ホームページの「食料・農業・農村基本法のあらまし」を読むと、新しい法律を制定した第一の理由に、食料自給率の低下を挙げている。

「食生活の高度化・多様化が進む中で、我が国農業の基幹的な作物である米の消費が減退し、畜産物、油脂のように大量の輸入農産物を必要とする食料の消費が増加すること等により、食料自給率は一貫して低下してきました。このような食料需要の高度化等に対応した国内の供給体制は未だ十分に確立されていない状況です」

つまり、自給率低下の最大の原因は、食生活の変化にあるといっているのである。

経済白書に「もはや戦後ではない」と書かれた一九五六年、食生活はどうだったかというと、同年の厚生白書は「栄養状態はおおむね戦前に近づいたものと考えてよい」ものの、「熱量、蛋白質はおおむね基準値に近いが、脂肪摂取量は二〇グラム前後に過ぎず当面の目標量と比較して著しく劣っている。さらにこれを欧米諸国とくらべると、熱量は、アメリカ、イギリスの七〇パーセント程度の水準であり、特に動物性蛋白質は、アメリカの二〇パーセント、イギリスやフランスの三〇パーセント程度で、はるかに低水準にある」と、依然として栄養不足を憂えている。

ところが、その六年後の六二年度版「国民生活白書」では、状況はがらりと変わった。

ここでは「食生活の高度化」が進んでいることと、以下四つの食料消費の特色が挙げられている。

①肉・乳・卵類の消費が六〇年以来、毎月一〇〜二〇パーセントも前年の同月を上回っていること。それ以前にもかなりの増加を見せていたが、とくに最近の増加は著しい。

②いわゆる加工食品を含めて、加工された食品が増加していること。

③外食費が増加していること。対前年増加率が八・四パーセントだった五九年以外は、いずれの年も一〇パーセント以上の伸びを見せている。

④家庭での米消費が停滞していること。都市世帯においては数年来、米類への支出額が停滞しており、肉・乳・卵類や加工された食品の増加と好対照を見せている。

食生活の高度化とは、「実質所得水準の上昇にともなって食料消費構成が、容量が多くて比較的美味でない穀類や馬鈴薯から、畜産物、果物、野菜などのより美味、より高価な食料へと移行する」ことと説明されている。

飯食いからおかず食いに、あっさり好みからこってり好みに

米やジャガイモが美味じゃないって、ずいぶんないいようだが、欧米の食生活をお手本にした栄養改善が、ここにきて一気に現実化し、食生活は猛スピードで西洋化・多様化していったのである。家庭料理に中華風のおかずが普及したのも、高度成長期だった。

住居の寝食分離とダイニングテーブルの導入、家電製品の普及、パン食の浸透、スーパーマーケットの登場など、高度成長期には数多くの食の変化が起こった。なかでも大きかったのは、インスタント食品の台頭だ。

レトルトと冷凍食品を含め、ラーメン・カレー・コーヒーの三大インスタント食品、味噌汁、スープ、シチューの素、だしの素、つゆの素、すしの素、削り節、パック入り漬物、ドレッシング、お茶漬け海苔、ティーバッグ、ホットケーキミックスやプリン等々、いまに続くインスタント食品のほとんどが出現し、大量生産・大量流通のシステムにのって全国に供給された。

インスタント食品の利用で、それ以前は難しかった洋風料理や中華風料理がかんたんに

作れるようになった一方で、それぞれの地域で培われてきた伝統食品はすたれはじめ、全国の食生活が画一化していった。古いものを守ろうという意識は薄く、新しいものばかり歓迎される時代だった。

六〇年代後半に小学生だった自分の子ども時代を思い出しても、おかずは魚より肉のほうが嬉しくて、最高のご馳走といえば牛肉。ご飯と味噌汁よりもパンとバターと牛乳の組み合わせのほうが好きだったし、醬油味より、だんぜんケチャップ・ソース・マヨネーズ味だった。肉・卵・乳製品は国産であっても飼料は外国産だし、醬油と味噌にしても、原料の大豆と麦は大半が輸入だ。輸入依存の食生活にどっぷりつかった成長期だった。

一九六七年、米の生産量は戦後最高の一四四五万トンを記録し、ついに完全自給を達成した。ところが、一人当たりの年間消費量は六二年の一一八・三キロをピークに、すでに年々減少中だった。さっそく翌六八年から米が余るようになり、減反政策が本格的に導入されたのが七一年。この時点で、子どもでも「古米」という言葉の意味がわかっていた。

生活が向上するにつれ、日本人は飯食いからおかず食いに、あっさりよりこってり好きに変わっていった。その延長線上に、いまの食がある。

食糧危機とオイルショックの一九七三年

驚くべきスピードで食が高度化した高度経済成長期は、一九七三年一〇月からのオイルショックで終焉を迎えた。

この第一次オイルショックは、一〇月六日に勃発した第四次中東戦争で、石油輸出国機構（ＯＰＥＣ）が原油の供給制限と輸出価格の大幅引き上げを行い、世界経済に打撃を与えた事件である。国際原油価格は、たったの三か月で約四倍に高騰。エネルギーの約八割を輸入原油に頼り、ほぼ一〇〇パーセントを中東から輸入していた日本では、消費者物価が年に二〇パーセントも上昇する「狂乱物価」に見舞われた。

急激なインフレで、七四年は戦後初のマイナス成長を経験した。「省エネ」が盛んに叫ばれ、ＮＨＫテレビの放送は夜一一時に終了し、盛り場からはネオンが消えて真っ暗になった。生活を直撃されたから、子どもながら危機感は大きかった記憶がある。

実は、オイルショックの年の夏、「日本を食糧危機が襲う」という報道が世間を震えさせていた。まだ敗戦後の食糧危機を体験した人が多かった時期だけに、「このままでは四〇〇〇万人が餓死する」などと、センセーショナルに書き立てる週刊誌も多かった。

きっかけは七二年、一〇〇年来という大凶作だったソビエト社会主義共和国連邦（ソ連）が、在庫を抱えていたアメリカから、その在庫の半分量の小麦をはじめ、大量の穀物を買い付けたことにはじまる。東西冷戦の真っ只中に、ニクソン米大統領がモスクワを訪れ、ブレジネフ書記長と貿易協定を結んだ事実は、世界をあっといわせた。その結果、世界の穀物相場が急騰し、食糧需給が突如として過剰から不足に転じたのである。

凶作はソ連だけでなく、世界各地で同時多発した。サハラ以南の西アフリカは、かつてない旱魃《かんばつ》。オーストラリアの小麦生産量は前年度比で三五パーセント減り、飼料穀物の大輸出国、アルゼンチンの減少率は四〇パーセントにのぼった。また、ペルー沖では、アンチョビ（カタクチイワシ）が絶望的な不漁だった。原因は、エル・ニーニョ現象である。アンチョビは、畜産と養魚の飼料に利用する魚粉の主要原料である。魚粉の不足は穀物相場をさらに押し上げ、七三年の大豆価格は前年の三倍以上だった。

食料自給率に目覚めさせた「大豆ショック」

日本はもう食料輸入大国だった。農水省の「食料需給表」によると、一九七三年の自給率はカロリーベースで五五パーセント。いまの数字にくらべれば大分ましだが、小麦、大豆、大麦、トウモロコシなど穀類の自給率はすべて五パーセントを割り、完全自給の米を合わせても、穀物自給率は約四〇パーセントしかなかった。

小麦は世界貿易量の一割を、大豆と飼料穀物にいたっては、四分の一を日本が買っていた。工業製品をせっせと輸出しては、農業製品をせっせと輸入し、六〇年には六〇七万ヘクタールあった耕地面積は、七三年では五六五万ヘクタールに、農業就業人口は約一三〇〇万人から約八五〇万人に、専業農家の割合はわずか一三パーセントに減っていた。

追い打ちをかけるように、七三年六月、アメリカが大豆の輸出禁止措置を発表した。大豆の自給率はたったの三パーセント、残り九七パーセントをアメリカ産の大豆に頼っていた日本には衝撃が走り、大豆食品業界はパニックに陥った。

アメリカの最大の顧客だったはずの日本への突然の仕打ちで、このままでは小麦とトウモロコシも禁輸されるかもしれない、という不信と恐怖が生んだ食糧危機説、四〇〇〇万人餓死説だったのである。実際、七三年時点で、食料輸入がストップした場合、敗戦直後よりもっと低いカロリーしか摂れないところまで自給できなくなっていた。

結局、大豆輸出禁止措置は九月に解除され、騒ぎはおさまったが、この事件でアメリカの大豆がなければ味噌も醤油も作れず、豆腐も納豆も食べられなくなるというシビアな現実が、人々の胸に刻み込まれた。

気がつけば、あまりにも低かった食料自給率が、はじめて大きく問題視されたのが、このときだ。大豆ショックとオイルショックは、海の向こうの戦争や異常気象が、自分たちの日常生活に直結していることを人々に思い知らせた。

食料を海外に依存しすぎることへの危機感が一気に高まり、いまこそ農業政策と食料政策を見直すべきという意見が、メディアを賑わせた。だが、いまさら時計の針は巻き戻せない。大豆に関していえば、「アメリカがダメならほかの国で作ってもらおう」と、政府が打ち出したリスクヘッジが、供給国の分散だった。

当時の田中角栄首相が目をつけたのが、ブラジル内陸部に広がる熱帯サバンナ地域の「セラード」。酸性土壌で「不毛の地」と呼ばれたセラードを、日本が資金と技術を提供した共同事業で開発し、ブラジルはアメリカと拮抗する大豆生産国になった。ただし、いまだに輸入大豆は、アメリカ産が圧倒的に多い。大豆に限らず、日本はアメリカの食料の傘から抜け出せないでいる。

第6章　添加物恨み節

二〇〇〇年代に食の安全を揺るがす事件がたびたび起こり、「国産なら安心安全」という意識とメイド・イン・ジャパン志向が高まっていったことは、第2章に書いた。

だが、高度経済成長期から一九七〇年代にかけての食品公害は、それよりはるかにひどかった。食と農の工業化が進み、大量に投与された農薬、化学肥料、食品添加物などの化学物質が、国民にさまざまな健康被害をもたらした。食品公害という言葉は、その頃に生まれた。

食料自給率が年々低下する一方で、メイド・イン・ジャパンの食べ物は問題だらけになった。

乱用された危険な食品添加物

戦後の欠乏期、日本の食品には化学物質が野放図に乱用された。なにしろ、覚醒剤のヒロポン（メタンフェタミン）が薬局で普通に買える市販薬だったくらいだから、食べ物は推して知るべしだ。

一九四六年（昭和二一）、使用が許可された人工甘味料のズルチンは、砂糖の二五〇倍の甘味を有するが、栄養はゼロ。摂取しても砂糖のようなエネルギーにならないばかりか、毒性が非常に強く、早くも四七年、五グラムをなめた幼児が死亡する事故が起こっている。それでも、四八年制定の食品衛生法で食品添加物として認可され、業務用だけでなく、家庭料理や学校給食にも広く使われた。

甘いものにだれより飢えていたのは、化学物質の影響を受けやすい、育ち盛りの子どもたちだ。給食の脱脂粉乳にも、自転車で売りに来るアイスキャンデーにも、ズルチンは大活躍したが、それ以降も死亡事故が何件か起こり、発がん性があることも判明して、六九年に使用が全面禁止された。その時点で、ズルチンが認可されていたのは、世界で日本だけだった。

同じ年、やはり発がん性と催奇形性の疑いから禁止されたチクロは、五六年に認可されてから人工甘味料の花形として、さまざまな食品、なかでも子ども用のお菓子に大量に使われていた。当時、チクロ菓子を食べたことのない子どもは、ほぼ皆無だったから、小学生のあいだでも使用禁止は大ショックの出来事だった。

「おそるべき食物」の氾濫

日本で最初に食品添加物の害を説いた啓蒙書、『五色の毒――主婦の食品手帖』が世に出たのは、一九五三年（昭和二八）。「添加物」という言葉を一般に知らしめたのは、五五年に起きた森永ヒ素ミルク事件だった。

著者の食品衛生化学者・農学博士の天野慶之が、五六年八月に筑摩書房から出した『おそるべき食物』は、ぎょっとするような有害食品のオンパレードだ。発売直後から話題になり、たったの二か月で七版を重ね、九月には『週刊朝日』が本書をもとに九ページの特集記事を巻頭に掲載している。

ヒ素に関しては、粉ミルクがあまりにも有名だが、本書は同じ五五年、山口県・宇部市で起こったヒ素醤油の中毒事件も解説している。

戦時中にカイコのさなぎの搾り粕で醤油を作ったことを前に書いたが、戦後一〇年が経ったこの頃でも完全に天然醸造の醤油はごくわずかで、なんらかの原料を化学的に分解したアミノ酸液を使った醤油が大半だった。ヒ素醤油中毒事件は、アミノ酸製造に使用される酸およびアルカリが、相当量のヒ素を含む可能性がある工業用だったことが原因である。森永ヒ素ミルクも同様、コストを下げるために工業用の第二リン酸ソーダを使ったために起こった。

粉ミルクはおろか、醤油にもヒ素だなんて、なにを信用したらよいのか⁉　だったんだろう。おかげで私は、牛乳で哺育された。牛乳の成分は人乳とだいぶん違って、脳の発育に必要な乳糖が足りないので、親心だったとはいえ少し残念だ。

天野が結びで「国情の相違もあり、必ずしも国際的な動きに同調する必要はないが、多くの国々が添加物についてその使用を抑制しようという方向にあるとき、ひとり、それに逆行する行き方がどんなものか、吟味されてよいことであろう」と書いているように、食品添加物規制の議論が活発に行われていた欧米にくらべ、日本はたっぷり一〇年は遅れていた。

真っ黄色のタクアン、真っ白いパン

食中毒や感染症で大勢の人が死んだ時代だから、食品の腐敗や酸化を防ぎ、品質を保つ防腐剤や保存料、酸化防止剤、防カビ剤、殺菌剤、殺虫剤などは、認可された種類を、定められた基準量で用いれば、リスクを低減してくれる救世主になった。

問題は、復興が進む一九五〇年（昭和二五）ごろから目立つようになった、見た目をお

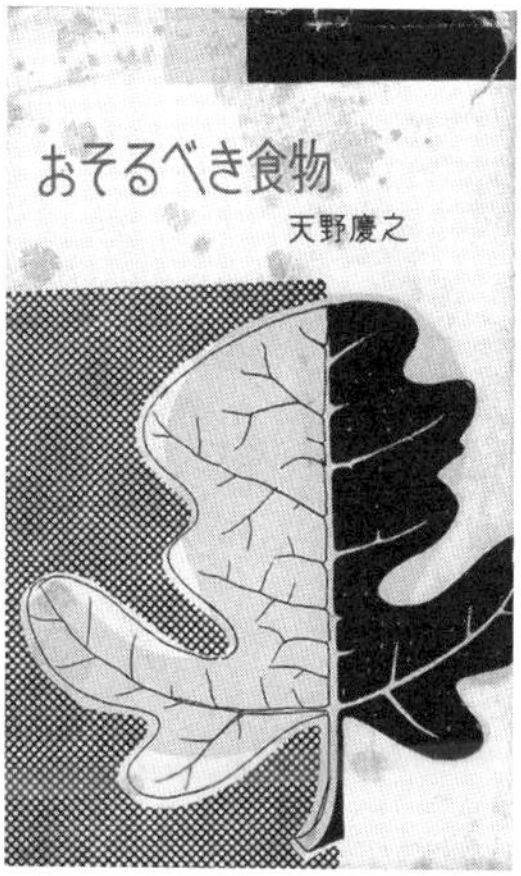

上：『おそるべき食物』天野慶之、筑摩書房、1956年
下：食中毒や感染症の多かった昭和20年代の週刊誌や新聞には、家庭薬の広告がよく載っていた。こちらは悪性下痢の薬「エメリン錠」の広告

いしそうにするために使われた添加物である。

もっとも多かったのが、食用には禁止されている紙・皮革・繊維用の有害色素で色づけた事例だ。たとえば、オーラミン（黄色染料）で真っ黄色に染めたタクアン、ローダミンB（赤色染料）で鮮やかな牡丹色にした和菓子や梅干、マラカイトグリーン（青緑色染料）染めの緑茶やワカメ、クリソイジン（赤褐色染料）でつや出しした煎餅……。中毒の恐れがある食品が、無数に作られていた。いまの「中国毒食品」なんて目じゃない。

認可された食用色素にくらべ、値段が安く、染まりやすく、長く変色しないのが違法染料のメリットで、危険性には目が向けられなかった。業者の法令遵守意識はきわめて低く、科学的な知識が乏しい業者も多かった。

着色とは逆に、漂白も盛んに行われた。代表格が小麦粉だ。戦後すぐの小麦粉は、ふすまつきの全粒粉だったが、やがてふすまが除かれ、さらに二酸化窒素と過酸化ベンゾイルで漂白されるようになった。いまの感覚では、パンもうどんも少しクリーム色がかっているほうが自然で、おいしそうに思えるが、当時は真っ白いほうが喜ばれたのである。

色が抜けるだけならよいが、一緒にビタミン類も減少し、発がん性などの悪影響が疑われることから、主婦連合会（主婦連）が熱心に抗議運動を行った結果、六八年から学校給

腐敗政治追放市民集会（14団体）での主婦連の国会議事堂前デモ、1966年10月（写真提供：主婦連合会）

食用のパンの小麦粉が無漂白に切り替わった。七七年には製粉会社が漂白剤の使用を中止し、それ以降は無漂白小麦粉が主流になっている。

消費者運動に勢いがあり、その成果が着実に上がっていったのも、この時代の特徴だ。なかでも、しゃもじ形のプラカードにスローガンを書いて行進した「おしゃもじデモ」で有名な主婦連の影響力は、内閣も企業も無視できないほど強かった。

日本人の食の美意識はいずこに？

食料事情が少しずつ改善され、腹を満たすだけでなく、見栄えを気にするゆとりが持てるようになった。それで、着色と漂白が流行したわけだが、当時はびこっていたけばけばしい極彩色と、不自然なまでの純白は、現在の和食のイメージとはかけ離れている。

ユネスコ無形文化遺産登録のとき、和食の特徴のひとつとして定義されたのが、「自然の美しさの表現」だったが、昔の日本人に自然を尊重する美意識があったとしても、敗戦で失われたとしか思えない。

一九五〇年に主婦連がオーラミン入りタクアンを発見したことをきっかけに、有害色素に反対する消費者運動が各地に広がり、厚生省も取り締まりを強化した。オーラミンは五三年に使用が禁止されたが、食品を扱う業者は全国に無数にあり、しかも零細業者が多かったので、すべての有害色素撲滅は不可能に近かった。また、本来のぬか漬けタクアンより、人工着色料と人工甘味料を使った甘くてきれいな黄色のタクアンを好む消費者のほうが、たしかに多かった。消費者心理は、自然な色や味よりも、見た目のよさに傾いていたのである。

『おそるべき食物』は、原料と調味料を吟味して、いっさい着色しない製品を作っても、客に見向きもされないと嘆く業者の声をいくつか拾っている。発色剤の亜硝酸ナトリウムには、食中毒の原因になるボツリヌス菌の繁殖を抑え、肉の風味を高める効果も高いので一概にはいえないが、いまでも発色剤と着色料を使わない自然な肉色、つまりくすんだ薄茶色のロースハムより、鮮やかなピンク色のロースハムのほうが直感的に好まれるように、感覚はあまり変わっていない。

食品公害を糾弾するジャーナリズム

一九四八年（昭和二三）、食品衛生法で最初に指定を受け、使用が認められた食品添加物は五七種類。経済成長に伴って種類が増え、六九年には三五八種に達し、日本は世界有数の食品添加物使用国になった。この数字からは、食品加工業が急速に発達していった様子がわかる。

この間、五五年には富山県でカドミウム汚染が原因のイタイイタイ病が、翌五六年には熊本県でメチル水銀中毒による水俣病の発生が確認され、六四年からは新潟水俣病が発生。六八年には米ぬか油に混入したＰＣＢ（ポリ塩化ビフェニル）がダイオキシンに変化して中毒を引き起こし、被害者が約一万四〇〇〇人に上ったカネミ油症事件が起こった。

有害物質で汚染された食べ物による奇病が各地で発生し、発がん性の疑いから欧米では使用禁止になった食品添加物が、日本では依然として使われている。こうした現状に対し、学者や消費者団体、ジャーナリストからの批判の声が強まり、日本の食品は化学物質漬けになっていると、メディアが激しく糾弾するようになったのは、六〇年代後半からだ。「食品公害」という言葉も一般的になった。

「食卓の恐怖・加工食品の毒」（『宝石』一九六六年七月号）、「自然な食品がほしい」（『朝日ジャーナル』一九六八年四月七日号）、「チクロほか有害添加物入り食品一覧」（『週刊現代』一九六九年一一月六日号）、「注目！危険食品を総点検する」（『週刊言論』一九六九年一一月二〇日号）、「有害食品を告発する」（『月刊ペン』一九六九年一二月号）……雑誌はセンセーショナルな見出しで報道し、朝日新聞は六九年夏、「食品公害を考える」という連載記事を三五回掲載した。

日本初の台所用合成洗剤が発売されたのは、一九五六年。付着した回虫（当時、日本人の三〜四割が感染していた寄生虫）の卵が落とせると、嬉々として野菜を洗剤で洗っていたお母さんたちの意識もがらりと変わった。実際、都会の河川は家庭からの生活排水で泡だらけになっていたのである。

流行語になった「複合汚染」

「化学物質＝危険」という図式が社会に広く共有されるダメ押しになったのが、有吉佐和子の『複合汚染』だ。七四年一〇月から朝日新聞に連載された小説で、上下巻の単行本は、七五年のベストセラーランキングで第二位。反響は絶大で、「複合汚染」が流行語になったほどだった。

『複合汚染』有吉佐和子、1975年

小説とはいっても、ほとんどノンフィクション。農地は化学肥料と除草剤、作物は農薬、河川は工場廃液や合成洗剤、加工食品は食品添加物でそれぞれ汚染され、これらが食物を通して体内に蓄積し、複合して毒性が相乗的に影響しあい、健康がむしばまれていくことを告発する、こわい物語だ。

「あなたのお家では合成洗剤で洗濯していらっしゃいませんか。あなたは合成洗剤が農薬と同質の毒だということをご存知ですか」「五大汚染のうち、日本人の主食である米には、何と何が入っているか。厳密に言えば、全部入っている」

こんな感じで、過激なことをいっていても、専門用語が多くても、さすがストーリーテリングの名手だけあってスルスルと読ませる。この小説で、人々はあらためて日本の食品が添加物漬け、農薬漬けになっている現実を認識し、国民の健康を守らない政治家と、安全より利益を追求する企業に憤った。なお、五大汚染とは、水銀、カドミウム、鉛、DDT（農薬・殺虫剤）、PCBの五つを指す。

水銀とカドミウム、鉛などの重金属は自然界に存在するので、ゼロにするのは不可能なのだが、本書をはじめ、この頃のジャーナリズムは化学物質ならすべて危険と決めつけ、ことさらに有害性を強調した。そのメディアバイアスは、現在も続いている。

たしかに公害は、化学物質を無差別に敵視せざるをえないほど、人道に反する被害を残した。だが、食品添加物がなかったら生まれなかった新しい加工食品や、化学肥料と農薬の使用で多収・周年栽培できるようになった野菜や果物を喜んで享受していたのも、高度成長期の日本人なのである。

「自然食」で公害に勝つ！

ジャーナリズムの有害食品批判が目立つようになった一九六八年前後から、「自然食」の第一次ブームがはじまった。

自然食というのは、曖昧な呼び名で、いまだに正確な定義はない。化学物質にまみれた食べ物は、短命のもと。人工的な添加物と農薬を使っていない食品で公害に打ち勝ち、健康になろうというのが当初の発想で、現代文明と近代科学否定の色合いが濃かった。同時期に起こった漢方薬ブームも同様、サリドマイド事件などの薬害による新薬不信がきっかけだった。

自然食品の販売店は、六八年からの一〇年間で全国二五〇〇軒に増え、売上は七一年の一〇〇億円から七五年の四五〇億円に急成長している。まだ法的規制も表示ルールもなく、六八年末に東京都消費者センターが都内で購入した六〇点をテストしたところ、ズルチンとチクロが味噌から検出されるなど、三分の一が食品添加物入りの「不自然食品」だったことが発覚した。自然食品は通常より二割は高く売れるので、流行に乗じた悪徳業者も多かった。

七〇年代の自然食を大きく分けると、主食は玄米、おかずは野菜中心の伝統食派と、ニンニク、シイタケ、梅干、サルノコシカケなど、健康によいとされる食品を重点的に摂取する効能派の二派があり、ともに東洋医学的だった。自然食は、戦後の食の西洋化の対抗運動であり、メイド・イン・ジャパン志向が強かった。

戦後の栄養行政は、アメリカの食生活を手本に、動物性たんぱく質と油脂の摂取を増やせと唱え続けてきた。教えに従って、日本人はがんばって肉を食べ、パン食を取り入れ、料理に油を使った。そのために、アメリカから小麦と飼料用穀物、油糧種子をせっせと買った。

その結果、七〇年代の食事は、主食のご飯に動物質の主菜、野菜の副菜、牛乳・乳製品と果物が適度に組み合わされて、摂取する総エネルギー量に対するPFCバランス（たんぱく質：脂肪：炭水化物）が、戦後もっとも理想的な数値になった。おかずの内容も、和風と洋風と中華風が混じり合って、バラエティー豊かだった。

食べ物には問題が山積みだったが、専業主婦が増加した高度成長期は、いまだかつてないほど家庭料理が充実した時代でもあった。新型の加工食品は、家事労働の軽減より、むしろ主婦のレパートリーを増やすのに貢献したといえるだろう。

六〇年にカロリーベースで七九パーセントあった食料自給率は、その後の一〇年間で激減して七〇年は六〇パーセント、それからはゆるやかな低下で七九年は五四パーセントだった。このあたりで食い止めておけばよかったのである。ところが、次にやって来たのは「飽食の時代」だった。

第7章　一人歩きした日本食礼賛

一九八〇年代の前半、世界的な異常気象で食糧危機が迫っていると、騒がれたことがある。

「石油パニックより怖い　確実にやってくる『食糧危機』の進行速度」（『週刊サンケイ』一九八一年四月三〇日号）、「食糧危機がやって来る！　農林水産省が戦慄の予測」（『サンデー毎日』一九八二年五月九日号）、「異常気象で広がる食糧危機メガトレンド」（『週刊宝石』一九八三年九月三〇日号）――週刊誌は煽情的なタイトルで、飢餓時代の再来を書き立てた。

温暖化より有力だった地球寒冷化説

一九八〇年は北米、アフリカ、オーストラリア、中国北部が旱魃《かんばつ》、八一年にソ連は二年続きの凶作だった。八三年、アメリカでは熱波と旱魃が続き、八四年から八五年にかけては、エチオピアを中心に東アフリカで大飢饉が起こり、一〇〇万人もの死者が出た。英米のミュージシャンが、アフリカ飢餓救済プロジェクト〝バンド・エイド〟と〝USAフォー・アフリカ〟を結成して合同でライブを開催したのは、このときだ。

日本では、八〇年、八一年、八二年と、東北が三年続きの冷害に見舞われた。もともと七〇年代は温暖化説より寒冷化説のほうが有力だったことと、七九年にスイスのジュネーヴで開催された第一回世界気候会議で「八〇年代から今世紀いっぱいは地球寒冷化の周期に入り、農作物の不作の恐れがある」という発表があったと報道されたことが、さらに不安を煽った。

エッセイストとして人気があった食生態学者の西丸震哉は、「地球はいま小氷期に入りつつあり、極端に寒い地域と旱魃に襲われる地域が現れ、冷害や凶作が世界的に起こる。日本が食料を輸入できなくなる日は近い」と、各種のメディアで語った。西丸は七〇年代から「公害時代に成長期を送った日本人が、七〇歳まで生きられることは、まずないだろう」などと、トンデモな文明批判を書いたり喋ったりしていたが、信奉者は多かった。

実際に、地球が小氷期だったのは一四世紀から一九世紀の中ごろまでで、それ以降は温暖化に向かい、二〇世紀後半からは温室効果ガス濃度の増加が温暖化を強めているのは周

江戸時代は今よりも寒かった。『名所雪月花』「井の頭の池弁財天の社雪の景」歌川広重、国立国会図書館デジタルコレクション

知の通り。江戸時代に飢饉がたびたび起こったのは冷害のためだった。『徳川実紀』によると、享保の大飢饉（一七三二）では、九六万九九〇〇人もが餓死したそうだ。一七二一年（享保六）、徳川吉宗の命で行われた調査では、全国人口は約二六〇〇万人。実に人口の三・七パーセントが亡くなったことになる。浮世絵に雪景色が多いのは、本当に寒かったからなのである。

輸入と自給を適度に組み合わせた食糧安全保障

海外からの輸入がストップした場合、どうやって食べ物を確保するのかという「食糧安全保障」の論議も盛んになった。

現在は「食料安全保障」だが、当初は「食糧」で、この用語がはじめて公式に使われたのは、一九七九年に大平正芳首相の主導で設立された政策研究会の総合安全保障戦略グループが、翌八〇年七月、日米関係、自衛力の強化、対中・対ソ関係、エネルギー安全保障、大規模地震対策と並び、食糧安全保障を六つの課題に打ち出したときだった。

ここで、自給率の向上は「現実的ではなく、また必ずしも必要ではない」とされている。かといって、「完全に無視することは妥当ではな」く、「中庸を得た自給度について、国民の合意を得ておくことが必要」で、「自給と輸入とを適度に組み合わす以外にない」と、まわりくどい表現だ。

「自給度を引き上げよという主張は、耕地面積の拡大を意味するが、それには多大のコストが伴う。また、物理的にも、耕地面積をどこまで増やし得るかは問題である。更に、自給度を引き上げるためには、農業の一層の保護が必要であり、消費者の負担は高くなるし、国際的にも非難を浴び、日本の自由貿易主義への懐疑を招くであろう」

「穀物自給率を1％引き上げようとすれば、その場合に必要な耕地面積は15万ヘクタール、そのための造成コストは9000億円ないし1兆3000億円にのぼるとの試算がある」

八〇年の穀物自給率は、三三パーセント。七〇年からの一〇年間で一三パーセントも低下し、石油ショックや大豆ショックの記憶がまだ新しかった。政策研究会の報告書は、自給率の引き上げを求める世論に対し、それが合理的ではないことを細かく説明している。

報告書の中心は、どういう場合に海外からの供給が停止または減少するか、その可能性はどのくらいか、それがもたらす影響はどのようなものかの考察だ。対策としては、アメリカにかわる供給国の確保（具体的には、開発途上国の農業に技術協力し、生産力を上げる）、いざというときのために農業生産の担い手・種子・耕地を確保しておくこと、備蓄の確保とそれを生かすための制度を確立しておくこと、国際需給についての情報収集能力の強化などが挙げられている。

また、「国、地方自治体のみならず、農業団体、食品産業、消費者世帯も、自ら備蓄を持つことが必要であり、その仕組みを検討しておくことが望ましい。こうした備蓄は、大規模地震などの災害の備えにも役立つからである」と提言している。まったくその通りだが、飽食の時代と呼ばれた八〇年代、国民の危機感はどんどん薄らいでいった。

誤解だらけだった「日本型食生活」

総合安全保障戦略の内容を受けて、同年一〇月に出された農政審議会の答申「80年代の農政の基本方向」にも、食料の安定供給と安全保障のために、食料自給力の維持強化、食料輸入の安定、備蓄の確保が挙げられている。

前述したように、ここには食文化史的に非常に重要なことが書いてあった。「日本型食生活」という言葉が最初に使われたのが、この答申だったのである。

この語から、どんな食生活を想像するだろうか。三食とも主食はご飯で味噌汁と漬物が必ずつき、当然おかずは和風で、さっぱりした焼き魚や野菜の和え物なんかが中心。こんな感じではないだろうか。ところが、まったく違うのである。

登場するのは、答申の第一章「日本型食生活の形成と定着——食生活の将来像」である。「従来わが国は欧米諸国の食生活をモデルとしてきたが、最近では欧米諸国の食生活は、栄養の偏りが問題となっている。一方、わが国の食生活は、欧米諸国に比べ熱量水準が低くその中に占めるでん粉質比率が高い等栄養バランスがとれており、また動物性たん白質と植物性たん白質の摂取量が相半ばし、かつ、動物性たん白質に占める水産物の割合が高い等欧米諸国とは異なるいわば『日本型食生活』ともいうべき独自のパターンを形成しつつある。栄養的観点からも、総合的な食料自給力維持の観点からも、日本型食生活を定着させる努力が必要である」

「独自のパターンを形成しつつある」と表現されているように、日本型食生活は、直近である一九七〇年代の平均的な食事パターンを指している。

前章で書いたように、七〇年代の日本人はそれまでの主食依存の高炭水化物型から脱却して、米を中心に適度に肉と魚、乳製品などの動物性たんぱく質や野菜、果物が加わり、PFCバランス（たんぱく質：脂質：炭水化物）のよい食生活を送っていた。家庭料理には、和風ばかりではなく、高い頻度で洋風や中華風のおかずが混じった。よく誤解されるが、日本型食生活は昔ながらの伝統食ではないのである。

そもそも「日本型」と名づけたのが、間違いだった。二〇〇五年に成立した食育基本法を契機に、農水省が日本型食生活をすすめるキャンペーンに力を入れているので、いままでは理解が進んでいるが、それでもハンバーガーやフライドチキンなど、アメリカのファストフードが次々と上陸してブームになったりと、メイド・イン・ジャパン色が薄らいだ七〇年代の食生活を「日本型」と定義するのは、違和感がある。もっと科学的に、たとえば「栄養バランス型」などにすれば、意味が正確に伝わりやすかったのではないだろうか。

ところが、この答申が出て以降、皮肉なことに三大栄養素のバランスは崩れぎみになり、米の消費量が減って、食料自給率はどんどん下がっていった。正しく理解されたとしても、それが防げたとは思えないが、この言葉が持つ「日本独特の食文化」というイメージが一人歩きして、やがて食の西洋化を否定する伝統回帰主義者の旗印に使われ、「米さえ食べていれば日本人は元気になれる」といった危険な食養生法がはびこった。肉食化が自給率を下げたのは事実だが、戦後にそれが日本人の平均身長を伸ばし、平均寿命を引き上げたのも事実なのである。

アメリカ人に食生活の改善を訴えた「合衆国の栄養目標」

答申に「従来わが国は欧米諸国の食生活をモデルとしてきたが、最近では欧米諸国の食生活は、栄養の偏りが問題となっている」とあるように、欧米は第二次世界大戦後の栄養不足から回復するのが早く、すでに一九六〇年代、栄養過多による成人病（肥満、心疾患、ガン、糖尿病など）の増加が問題になっていた。

一九七七年、アメリカは世界に先駆けて、国民の食生活に関する指針を発表した。「栄養と人間のニーズに関する米国上院特別委員会」がまとめた第一回「合衆国の栄養目標（Dietary Goals for the United States）」だ。日本では、ジョージ・マクガバン委員長の名前からとった「マクガバンレポート」の通称で知られている。

マクガバンレポートは、アメリカでは心疾患および血管系の疾病による死亡者が毎年八五万人にのぼり、高騰する医療費が国の財政に影響を与えていることを公表。予防するには食生活の改善以外になく、「成人病のおもな原因は脂質、糖質、塩分、コレステロール

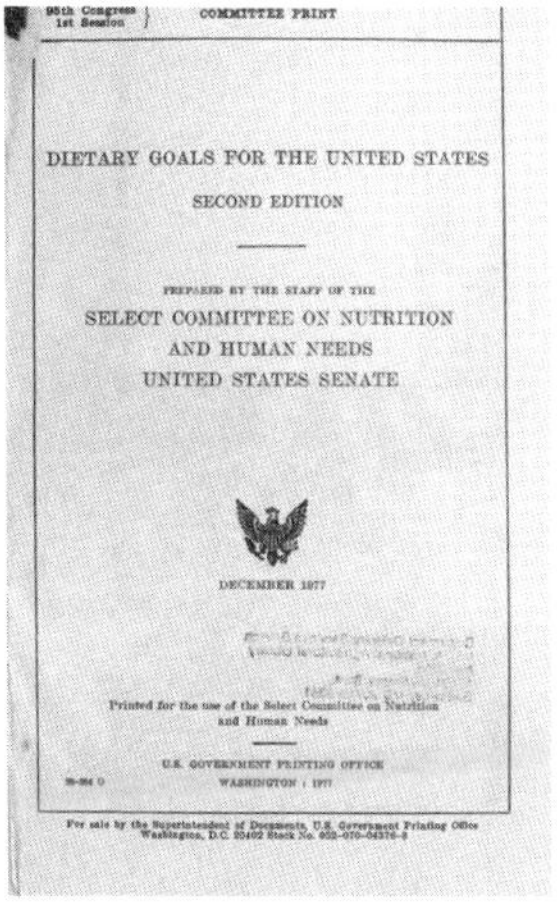
95th Congress 1st Session
COMMITTEE PRINT
DIETARY GOALS FOR THE UNITED STATES
SECOND EDITION
PREPARED BY THE STAFF OF THE
SELECT COMMITTEE ON NUTRITION
AND HUMAN NEEDS
UNITED STATES SENATE
DECEMBER 1977
Printed for the use of the Select Committee on Nutrition and Human Needs
U.S. GOVERNMENT PRINTING OFFICE
WASHINGTON : 1977

「マグガバンレポート」1977年

の摂取過多であり、国民の食事パターンを変えて健康維持と経済上の損失防止を図ることが国家的課題である」と、警鐘を鳴らした。

レポートが掲げる栄養目標は、以下の七点。

①肥満を避けるため消費カロリーと同じだけのカロリーしか摂取しない。
②複合炭水化物および天然に存在する糖分の摂取量を、総カロリーの約二八パーセントから約四八パーセントに増やす。
③砂糖の摂取量を約四五パーセント減らし、総カロリーの一〇パーセントにする。
④脂質の摂取量を総カロリーの約四〇パーセントから三〇パーセントに減らす。
⑤飽和脂肪酸を総カロリーの一〇パーセントに減らし、また多価不飽和脂肪酸と単価不飽和脂肪酸はそれぞれ一〇パーセントになるようバランスをとる。
⑥コレステロールの摂取を一日三〇〇ミリグラムに減らす。
⑦食塩の摂取を一日五グラム以下にする。

塩の五グラムは、現在の日本人の摂取基準と比較してもかなり少ないが、総カロリーの四割もが脂肪とは、そりゃ多すぎだろう。複合炭水化物とは、穀類やイモ類などのでんぷん質で、天然に存在する糖類とは、生鮮野菜や果実などに含まれる糖分のこと。合わせて二八パーセントしか摂っていなかったのも驚きだ。それに対して、砂糖は総カロリーの二〇パーセント近くも摂っていた。恐るべき甘党の国民だ。

総カロリー中のPFCバランスでいうと、現状では一二パーセントのたんぱく質（P）は維持し、四二パーセントの脂質（F）を三〇パーセント、四六パーセントの炭水化物（C）は五八パーセントに改め、摂取カロリーを減らし、でんぷん食品と食物繊維、果物と果実をもっと食べるよう提唱している。

ねじまげられたマクガバンレポート

マクガバンレポートは世界から注目を集めた。とりわけ日本にとっては、衝撃だった。戦後ずっと目標にしてきたアメリカの食生活が、みずから欠陥を認めたのである。

あまりの衝撃からだろうか。奇妙なことに、その後マクガバンレポートは、アメリカが日本人の食生活を礼賛した報告書として流布することになった。いま読むことのできる多数の健康や栄養関係の書籍や雑誌記事、ときには専門家の論文にも「マクガバンレポートは、日本の食事のＰＦＣバランスが理想的であることを認めた」といったようなことが書いてある。

ところがである。マクガバンレポートのどこを探しても、日本食を賛美するような記述はないのである。

英語の全文にざっと目を通してみたが、日本のことが言及されているのは、「肉類の消費量が多いアメリカ、スコットランド、カナダにおける結腸ガンによる死亡率は、日本やチリのように少ない国より高い」「アメリカに移民し、動物性脂肪が少なく、乳製品をほとんど摂らない日本の伝統的な食事から西洋式の食事に変えた日本人には、乳がんと結腸ガンが劇的に増加している」という二か所しか見つけられなかった。日本食の栄養バランスや食事内容の素晴らしさを誉め讃える話ではまったくなく、実例として紹介されているだけだ。

どうして、そんなことになってしまったのだろうか。レポートでは、アメリカを手本にひたすら減らそうと頑張ってきた炭水化物が、逆に推奨されていた。成人病の原因とされる脂肪とコレステロールの摂取量が日本では少なく、目標に掲げられたＰＦＣバランスは、いま自分たちが食べている数値と近かった。レポートは日本食にお墨つきを与え、自己評価を高める絶好の材料になったのである。そう考えただれかが、「このたびの合衆国の栄養目標は、現在の日本人の食事そのものである」的なことを書いて、次々と孫引きされるうち、次第に内容が脚色されたり歪曲されたりしたのではないだろうか。

つねにアメリカに追随してきた日本人にとって溜飲が下がり、ナショナリズムをくすぐられる話だから、その喜びで受け入れがスムーズだったのかもしれない。「マクガバンレポートの影響で、ニューヨークなどの都市部でスシブームが起きた」という話もよく語られている。レポートを読み、スシをヘルシーフードだと評価したアメリカ人はいたかもしれないが、名指しで日本食がヘルシーだと誉めている箇所はない。

食の伝統回帰思想が力を持つ九〇年代から、マクガバンレポートは、日本の伝統食がいかに栄養的にすぐれているかを裏付ける聖典として活用されるようになった。

代表的なのが、二〇〇五年に発売して一年で一〇〇万部を超えるベストセラーになった『病気にならない生き方――ミラクル・エンザイムが寿命を決める』（サンマーク出版）である。

内容はというと、肉と乳製品をやめて、穀物と魚と野菜を中心に食べれば健康長寿になれるという、よくある食養生のすすめなのだが、あっと驚くことに、「マクガバンレポートは戦後の日本が模範にしたアメリカの栄養学の常識を真っ向から否定し、元禄時代以前の日本の食事をもっとも理想的な食事と定義した」と書かれているのである。過激なまでの捏造だ。しかも、マクガバンレポートは五〇〇〇ページにおよぶとしている。これも真っ赤な嘘。こんなトンデモ本が一〇〇万部も売れたのは情けない話だが、おかげでマクガバンレポート日本食礼賛説は強化されてしまった。

欧米型食生活と日本型食生活の戦い

アメリカが食生活の指針を発表したことを契機に、国民の健康増進、食料の安定供給に向けた食と農の再構築を目的に作られたのが、「80年代の農政の基本方向」だった。マクガバンレポートで、日本食が優秀であることに気がついた政府は、それまで崇拝していた欧米型を突如として不健康な食生活とみなし、日本型食生活という言葉を編み出して、さらなる定着の努力を促したのである。

この答申にもとづき、一九八三年に「私達の望ましい食生活――日本型食生活のあり方を求めて」と題する、以下の八項目からなる日本型食生活の指針が作成された。

①総熱量の摂り過ぎを避け、適正な体重の維持に務めること。
②多様な食物をバランスよく食べること。
③お米の基本食料としての役割とその意味を認識すること。
④牛乳の摂取に心がけること。
⑤脂肪、特に動物性脂肪の摂り過ぎに注意すること。
⑥塩や砂糖の摂り過ぎには注意すること。
⑦緑黄色野菜や海草の摂取に心がけること。
⑧朝食をしっかりとること。

細かい数値が指示されているマクガバンレポートと違って、ずいぶんシンプルでざっくり、わかりやすい内容である。「コメを基本に、魚介類、野菜、果実、牛乳を組み合わせたこの国の住民の平均的な食生活、つまり日本型食生活は、コムギと畜肉に依存した欧米型の食生活にくらべて、栄養供給の面でバランスがとれていて、健康保持のために望ましい」と健康面だけでなく、「自然環境にかける負荷を少なくし、自給できる農業資源を有効に利用するためにも、また長い歴史の中で形成されたこの国の住民たちの生活様式の観点からも望ましい」と、環境と文化への配慮からも、日本型食生活のさらなる定着が提唱されている。

続けて一九八五年、厚生省が「健康づくりのための食生活指針」を発表した。それまでの栄養素をたくさん摂ることが重視されていた栄養政策から、「成人病の予防」へと方向転換する画期になる指針だった。国民健康・栄養調査によれば、ＰＦＣバランスの推移は次の通りだ。

一九六〇年　一三・三％：一〇・六％：七六・一％
一九七〇年　一四・〇％：一八・九％：六七・一％
一九七五年　一四・六％：二二・三％：六三・一％
一九八〇年　一四・九％：二三・六％：六一・五％
一九八五年　一五・一％：二四・五％：六〇・四％

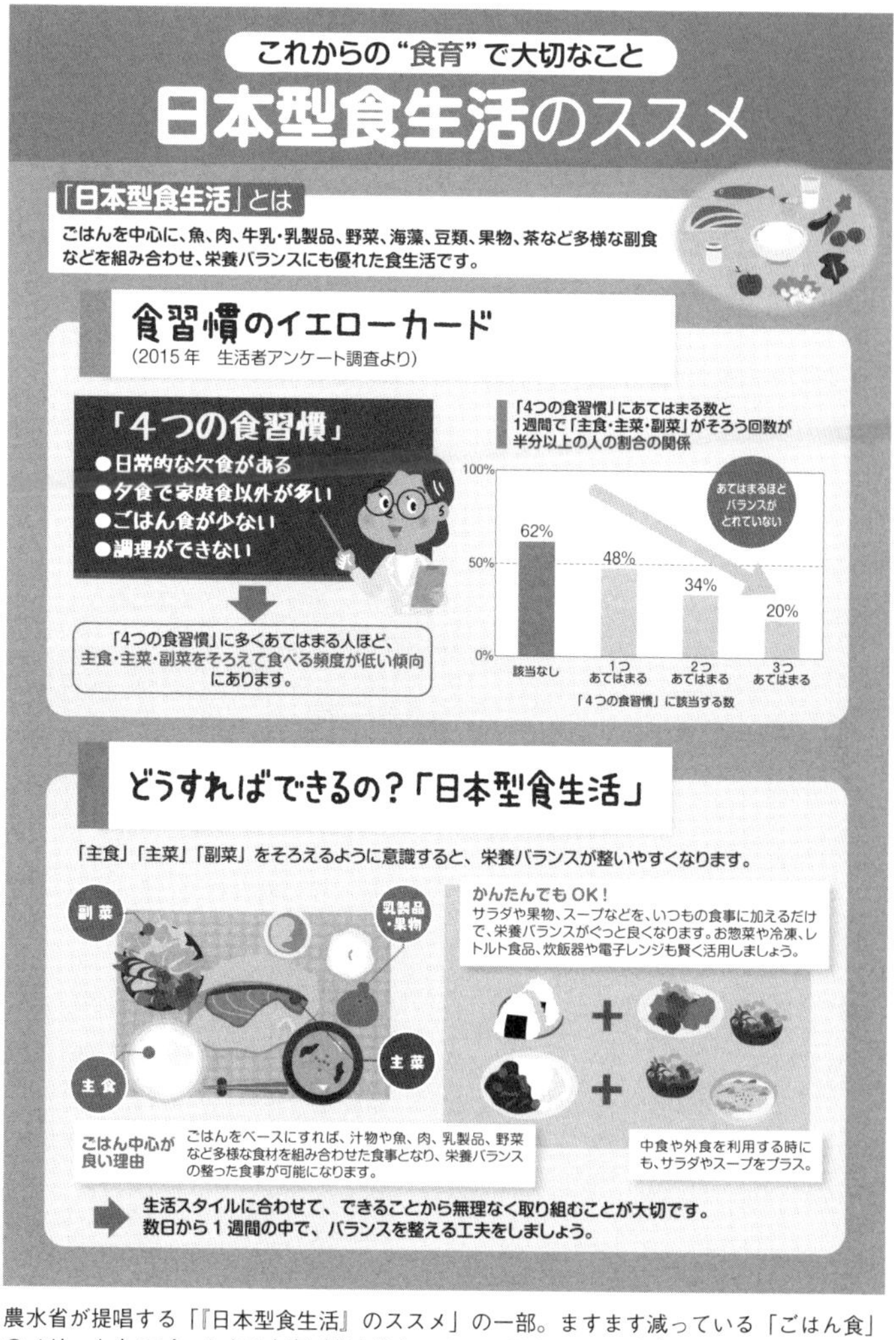
これからの“食育”で大切なこと
日本型食生活のススメ
「日本型食生活」とは
ごはんを中心に、魚、肉、牛乳・乳製品、野菜、海藻、豆類、果物、茶など多様な副食などを組み合わせ、栄養バランスにも優れた食生活です。
食習慣のイエローカード
(2015年　生活者アンケート調査より)
「4つの食習慣」
●日常的な欠食がある
●夕食で家庭食以外が多い
●ごはん食が少ない
●調理ができない
「4つの食習慣」に多くあてはまる人ほど、主食・主菜・副菜をそろえて食べる頻度が低い傾向にあります。
「4つの食習慣」にあてはまる数と1週間で「主食・主菜・副菜」がそろう回数が半分以上の人の割合の関係
100%
50%
0%
62%
48%
34%
20%
あてはまるほどバランスがとれていない
該当なし
1つあてはまる
2つあてはまる
3つあてはまる
「4つの食習慣」に該当する数
どうすればできるの?「日本型食生活」
「主食」「主菜」「副菜」をそろえるように意識すると、栄養バランスが整いやすくなります。
副菜
乳製品・果物
主菜
主食
かんたんでもOK!
サラダや果物、スープなどを、いつもの食事に加えるだけで、栄養バランスがぐっと良くなります。お惣菜や冷凍、レトルト食品、炊飯器や電子レンジも賢く活用しましょう。
ごはん中心が良い理由
ごはんをベースにすれば、汁物や魚、肉、乳製品、野菜など多様な食材を組み合わせた食事となり、栄養バランスの整った食事が可能になります。
中食や外食を利用する時にも、サラダやスープをプラス。
生活スタイルに合わせて、できることから無理なく取り組むことが大切です。
数日から1週間の中で、バランスを整える工夫をしましょう。

農水省が提唱する「『日本型食生活』のススメ」の一部。ますます減っている「ごはん食」のメリットをアピールする内容（農水省ホームページより、2016年）

高度経済成長期の前半だった六〇年はまだまだ炭水化物に偏っていたPFCバランスだが、大幅に脂質が増え、炭水化物が着実に減っていることがわかる。成人病の増加を防ぐには、戦後ずっと「もっと摂りましょう」と唱え続けていた脂肪、とくに動物性脂肪のこれ以上の増加を食い止めるのが、いちばんの急務だった。

しかし、グルメブームが吹き荒れた八〇年代、食の西洋化はさらに進んで、肉と油脂をもっと食べるようになった。円高のおかげで、嗜好品や贅沢品でも、ほしいものは世界中から手に入った。私の記憶では、あれほど外国産の高級食品があふれ、もてはやされた時代はない。

第8章

バブルの後にやってきた黒船——牛肉・米の市場開放

前章に書いたとおり、一九八〇年に農政審議会が「栄養的観点からも総合的な食料自給力維持の観点からも日本型食生活を定着させる努力が必要」と提言し、カロリーの摂りすぎ、とくに動物性脂肪の摂りすぎを食い止め、成人病増加を防ぐことが栄養政策の要になった。

ところが、そうは問屋がおろさない。八〇年代の食は、正反対の方向に突っ走っていった。

グルメブームの幕開け

私はファッションのように消費される流行の食べ物や、その現象を「ファッションフード」と呼んでいるが、八〇年代からバブルの余韻が残る九〇年代の前半にかけては、まさにファッションフードの黄金期。インターネットの登場以降は、流行が拡散し、中小ヒットが繰り返されるようになったが、あの頃のファッションフードは集中と規模からいって、本当に華々しかった。

海外から新しい食べ物が次から次へとやって来てブームを引き起こし、食をめぐる風俗はますます多様化して高級志向や本格志向も顕著になった。とくに一九八五年のプラザ合意で円高が進み、輸入食品が割安になってからは、拍車がかかった。いくら日本型食生活を説かれても、馬の耳に念仏である。

そもそも八〇年代初頭、最初にブームを起こしたのが、フランス料理だったことが象徴的だ。明治政府の欧化政策で外交儀礼と宮中行事の正餐《せいさん》に定められ、伝統的な本膳料理や懐石料理を差し置いて食のヒエラルキーの頂点に立ち続けた、舶来信仰と高級料理の代名詞である。

そのフランス料理が、ついにだれの手にも届くファッションフードになった。いまに続くグルメブームの幕開けである。グルメという言葉自体が、フランス料理の流行で知られるようになり、急激に浸透して早くも八六年に「B級グルメ」が出現した。

競うように使われた輸入高級食材

フランス料理ブームのきっかけは、現地で修業した料理人が帰国して、街場にレストランを開いたことだった。それまで、フランス料理といえば格式高いホテルのメインダイニングで食べるもので、客は社用が中心。いわばステイタスシンボルで、料理は豪華ではあっても旧態依然としていたが、うんぬんされなかった。対して、街場のレストランはシェフの腕と料理の新しさで勝負した。

第2章で書いたように、地産地消の料理にいちはやく取り組んだのは、フランス帰りのシェフたちだった。しかし、〝本物のフランス料理〟を作るためには不可欠的に重要だが、国産では賄えない材料が数多くあった。

三大珍味と呼ばれるフォアグラ（強制給餌したガチョウまたはアヒルの肥大肝臓）、トリュフ（土中で育つキノコ）、キャビア（チョウザメの卵）を筆頭に、オマールエビ（英名はロブスター）、生食できるノルウェーサーモン、フランス料理では牛と豚より格上とされる仔羊、鴨、鳩、ジビエなどの食肉類、ホワイトアスパラガスやフランボワーズ（木苺）などの青果類、オリーブオイル、マスタードやヴィネガーなどの調味料、そしてワインとシャンパン……、挙げるときりがない。フランス料理の流行は、これら高級食材の輸入を増大させた。

明治時代から、缶詰、瓶詰で輸入されていたフォアグラとトリュフは、生で空輸されるようになった。キャビアも塩味がマイルドで、食感がよりなめらかなチルド品が手に入るようになった。フランス人だってクリスマスや祝い事でしか食べないフォアグラ、名産地の仏ペリゴール地方で掘り出された一キロが一五万円もする黒トリュフ、キャビアのなかでも粒が最大で、トリュフよりさらに値が張るカスピ海産ベルーガ（オオチョウザメのキャビア）がレストランにあふれかえり、競うように使われた。

あの当時は自由に使えたベルーガは現在、天然資源が減少して入手自体が困難になった。仏ペリゴール産があまりに高価になったため、トリュフは安い中国産がたくさん出回っている。フォアグラは、動物福祉の観点から生産と使用を禁止する国が増えた。あんな贅沢な料理は、二度とできないだろう。「一億総中流時代」と呼ばれたのは七〇年代だが、八〇年代は食に関してだけは上流気分に浸れた「一億総グルメ」な時代だった。

成田空港が輸入水産物の「漁港」になった

空輸の材料を求めたのは、フランス料理に限らない。航空機による水産物の輸入量は一九八五年から急増した。もっとも多かったのが、マグロ・カジキ類で、次がウナギ、カニ、タイ、活エビ、サケ・マスの卵、サケ・マス類と続いた。成田空港は大量の水産物が運び込まれる輸入基地になり、「成田漁港」と呼ばれたほどだ。

本格志向は、外食だけでなく、いたるところに現れた。嗜好品では、ビール、ウイスキー、ブランデー、チョコレート、クッキーの輸入量が飛躍的に伸びた。国産のマ・マーやオーマイで十分満足していた家庭のスパゲッティに、ディ・チェコやブイトーニ、バリラなど、イタリア製のブランド品が使われるようになったのは、イタ飯ブームからだ。

航空貨物扱いの食料品全体の輸入額は、一九八五年の五億ドルから八八年の約一八億ドルと、三年間で三倍半にも伸び、大部分が高級魚介類だった。八八年、世界の魚介類総輸入額の三〇パーセントを日本が占めていた。動物性たんぱく質に占める水産物の割合が高いことが日本型食生活の長所とはいっても、世界中から買い漁っていては、本末転倒だ。

また、食料品輸入額は、八五年の一七五億ドルから翌年はじめて二〇〇億ドルを突破し、八八年は三〇九億ドルと、三年間で約七割も増えた。円高と飽食の日本は、ほしいものなら世界中からなんでも手に入れられるグルメ王国になっていた。

もっともバカバカしい出来事は、バブル真っ盛りの八九年に起こった「ボジョレー・ヌーヴォー・フィーバー」だった。毎年、一一月の第三木曜日に解禁される赤ワインの新酒で、はっきりいって、フランスでは安酒の部類である。それを世界でいちばん早く飲もうと（日付変更線の関係で日本はフランスより解禁が早い）、解禁日の深夜〇時にカウントダウンで栓を抜くというお祭り騒ぎが各地で繰り広げられた。一分でも早く飲むため、バスを仕立てて成田空港に行く輩も大勢いた。フィーバーはバブルの崩壊で終わったが、夢よもう一度で、いまでも解禁日になるとスーパーやコンビニにも特設コーナーができる。

かくして八九年、食料自給率（カロリーベース）は史上はじめて五〇パーセントを割り、四九パーセントを記録した。

ついに市場に開放された輸入牛肉

一九九一年四月、牛肉の輸入が自由化した。日米経済摩擦の焦点として、七〇年代からアメリカの要求と圧力が続き、日本側は「牛肉生産は戦略的産業だから、自由化は未来永劫ない」「絶対に反対」などと最初は強気だったが、ついに受け入れ、オレンジとセットで交渉が結着したのは八八年。三年の猶予期間後の実施だった。高率の関税はあるが、輸入量の制限がなくなった。

六一年に大豆、六三年にバナナや粗糖（原料糖）など二五品目、六四年にレモンなど二品目、七一年にグレープフルーツなど二〇品目と、日本は農産物輸入自由化の扉を広げてきた。とはいえ、戦前から輸入に依存してきた大豆、日本は栽培に適さない果実類とは違って、牛肉とミカンは日本の重要な農産物である。次はついに米の自由化かと、農業関係者は戦々恐々とした。

それ以前もアメリカ産やオーストラリア産の牛肉は買えたが、びっくりするほど安くはなかった。外国の牛肉は三六社の指定商社が輸入後、畜産振興事業団（現・農畜産業振興機構）が全量買い上げ、業者に販売するというシステムをとって市場の混乱を防ぎ、価格をコントロールしていたからだ。

畜産振興事業団は、畜産物の価格安定や畜産業者の助成などを目的に設立された特殊法人。国産牛肉との価格差を調整するため、輸入牛肉に六〇パーセント程度の調整金を上乗せして販売し、調整金は畜産関係団体、畜産農家の援助金などに使われていた。

しかし、自由化で事業団の一元的輸入と調整金が廃止され、いくらでも、だれでも輸入できるようになり、新規参入会社は多岐にわたった。

自由化前の関税は二五パーセントだったが、自由化後は初年度が七〇パーセント、二年目は六〇パーセント、三年目は五〇パーセントと高率なので、調整金の上乗せがなくなっても、小売価格はそれほど変わらないだろうというのが大方の予測だった。

不況の救世主、牛肉食べ放題

ところが、牛肉輸入自由化は、バブル崩壊後の外食の救世主になった。関税が五〇パーセントに下がった九三年前後から、しゃぶしゃぶ、焼肉、ローストビーフ、ステーキ、シュラスコ（ブラジル風バーベキュー）などの牛肉食べ放題店が雨後の筍のように出現し、ブームが長く続いたのである。

ほとんどの店が男女別料金で、時間制限を設けた。材料原価は高くても定額制をとるため客単価は一定水準を維持でき、時間制限のおかげで回転率が落ちず、店は損をしない構造になっていた。そのうえ、食べ放題店は食肉会社の経営が多く、在庫を一掃できるメリットがあった。

とくに人気だったのが、庶民には縁遠かった高級料理のしゃぶしゃぶだ。九〇分で男性三〇〇〇円、女性二〇〇〇円が平均といったところで、当時はこの値段でありつけるのは奇跡的に感じたものだ。これが、しゃぶしゃぶが大衆化し、家庭の定番鍋料理にもなったきっかけである。

焼肉店は無煙ロースターが開発された七九年から客層を広げてきたが、本格的に普及し、第二のファミレス化したのは、やはり自由化以降だった。通産省（現・経産省）の商業統計に、それまで「東洋料理店」に含まれていた焼肉店が、単独の項目で登場したのは九二年である。

見通しに反して、牛肉の小売価格は着実に下がっていった。とくに安く売ったのは、「肉のハナマサ」などの食肉専門チェーンストアである。一〇〇グラム九八円も珍しくなくなり、牛・豚・鶏の価格がほぼ同じになった。

九〇年は三八万四〇〇〇トンだった牛肉の輸入量は、二〇〇〇年に七三万八〇〇〇トンと、約二倍に増えた。二〇〇〇年、国内産を合わせた牛肉供給量は一一〇万三〇〇〇トンに達し、史上ピークを記録した。九〇年代は、歴史上もっとも牛肉をたくさん食べた時期だった。「牛肉を腹いっぱい食べたい」という日本人の積年の夢が、輸入自由化でとうとう達成されたのである。

高度経済成長期の畜産は、伝統工芸品のような霜降りづくりにひたすら専念し、和牛を世界でもっとも値段の高い超高級品に変えてしまった。それはそれでよいとして、庶民向けの安くて旨い牛肉生産にも力を入れてほしかった。

全米精米業者協会から訴えられた日本の米輸入規制

牛肉・オレンジよりはるかに大きかったのが、米の自由化問題だ。

アメリカの対日貿易赤字が五〇〇億ドルに達したのは一九八五年。その翌年に全米精米業者協会（RMA）が、日本の米輸入規制は「不公正な貿易取引慣行」としてアメリカ通商代表部に提訴し、米の市場開放を要求した。

アメリカ政府は提訴を却下し、この訴えをGATT（ガット）のウルグアイ・ラウンドに持ち込んだ。GATTは、貿易の自由化を促進し、世界貿易の拡大をめざす国際協定。ウルグアイ・ラウンドは、八六年から九四年にかけて行われた多国間の多角的貿易交渉である。

アメリカの稲作農家はわずか一万戸、全農家の一パーセントにも満たず、米は農業総生産額のわずか〇・七パーセントと、零細な存在だ。もし自由化して日本の米の消費量すべてを輸入したとしても、三〇億ドル程度にしかならず、貿易摩擦を解消するにはほど遠い。しかも、米は「国家貿易品目」として、GATTで非自由化を公認されている。にもかかわらず、ウルグアイ・ラウンドに引っ張り出したアメリカの強硬姿勢の背後には、EC（ヨーロッパ共同体）との穀物市場をめぐる対立があり、真の目的はECの農業保護削減だといわれた。

域内に入ってくる農産物に対して輸入課徴金をかけるなどの輸入障壁を取り払ってアメリカの穀物を売り込むためには、まず圧力をかけやすい日本から手をつけ、「聖域」として守ってきた主食の米を日本が開放したのだから、とECに迫る戦略だ。

基幹食糧でなくなったかもしれない米

ＲＭＡが日本の米輸入規制を再度提訴した一九八八年の九月、衆参両院が全会一致で自由化反対を決議。米完全自給派が圧倒的多数だったが、九〇年に入った頃から政財界や識者から容認の声が上がるようになってきた。

実のところ、街の声は「安くておいしい外国の米が手に入るなら食べてみたい」「カリフォルニア米、おしゃれ」などと、いたってお気楽だった。しかし、農家にとって、安い外国産米の登場は大きな脅威。部分開放が濃厚になった九一年の七月一日には、東京ドームで全国農業協同組合中央会（全中）主催の「米を守る緊急国民総決起大会」が開かれ、全国の農家や農協関係者五万人が一堂に会して「絶対阻止」「日本の食と農を守れ」を叫んだ。

自由化反対派の最大の論拠は、食料安全保障だった。九〇年の穀物自給率は三〇パーセント、カロリーベースの自給率も四八パーセントしかない日本が、主食の米まで輸入に頼るのは危険で、万一に備えて自給する必要がある。全農家の八割が生産に携わり、総農業生産額の三割を占め、総摂取カロリーのうちの二六パーセントを供給する米は、日本の基幹食糧だという考え方が基本だ。

対して、自由化容認派は、総農業生産額の三割しか満たさず、農家の総収入に占める割合も三割以下、総摂取カロリーの二六パーセントしか食べなくなった米は、はたして日本の基幹食糧といえるのかと、疑問を投げかけた。たしかに、米を保護しても、外国から食料の輸入がストップすれば、二六パーセントの米だけでは飢えてしまう。九〇年の一人あたりの年間米消費量は約七〇キロと、戦後ピークの六二年から五〇キロ近く減っていた。米は日本文化の基礎、田んぼは日本の宝といわれても、数字の上から米離れはまぎれもない事実。二〇一九年は、さらに減って五〇キロくらいしか食べていない。

よく考えたら、六七年に完全自給を達成する前までは、不足分を外米で補っていた。それ以降も泡盛や焼酎の原料などのタイ米輸入は続けていたし、三年続きの不作で米が足りなくなった八四年には、韓国から一五万トンを緊急輸入している。アメリカから市場開放を迫られていた八〇年代後半からは、冷凍エビピラフなどの加工食品に五万トン程度のカリフォルニア米をしっかり輸入しており、「一粒たりとも輸入しない」と強気の姿勢を変えない政治家の弁は、もはや農村票集めのポーズでしかなくなっていた。

絶好で最悪のタイミングで起こった大凶作

ウルグアイ・ラウンドが大詰めに入り、大幅の譲歩を迫られて市場開放は避けられない様相を見せていた一九九三年、日本は凶作に見舞われた。九三年は八月に細川政権が成立して自民党が下野し、三八年続いた五五年体制が終わった年でもある。絶妙というしかない、絶好かつ最悪のタイミングだった。

九三年は、記録的冷夏だった。太平洋高気圧の張り出しが弱く、逆に冷たいオホーツク海高気圧が居座り、梅雨前線がなんと八月下旬まで停滞、東北地方に「やませ（梅雨から夏にかけての冷たく湿った北東の風）」が吹いた。異常低温と長雨による日照不足で、イモチ病が大量発生し、そのうえ台風が連続で六つも襲来した。八月時点ですでに、米の不作は明白だった。

ところが農水省が、八月末に発表した作況指数は95。例年より「やや不良」の数字である。食糧庁も、「一〇月末には四〇〇万トンが集まり、昨年産の三五～四五万トンがあるから、不足にはならない」と、楽観的だった。それが一か月後、「著しい不良」の80に大幅修正された。当時の米の生産量は、消費量と同じ一〇〇〇万トン。生産量が八〇〇万トンなら、二〇〇万トンが不足することになる。

やませの影響が甚大だった青森県十和田地区の作況指数は、80どころか4、例年の四パーセントしか収穫がなかった。それ以下の、皆無作の地区もあった。そこで青森県では、夏から凶作を見越して農家みずから米の買いだめに走り、その動きは農家以外にも波及して、一〇月上旬には店頭から米が消えた。昔の農家は凶作に備えて一年から二年分は蓄えていたものだが、その習慣はすでに途絶えていたのである。

凶作の前から破綻していた米の需給

作況指数80が発表された直後、政府は冷害対策懇談会を開き、米の緊急輸入を決めた。外圧ではなく、日本側から輸出国に米を売ってくれるよう、お願いすることになったのである。

全中は米の適正在庫を二〇〇万トンと主張してきたが、農水省は過剰在庫の発生による財政負担を恐れ、政府米の在庫を一〇〇万トンに削減していた。ところが九一年は作況指数が95の不作だったため、在庫が一〇〇万トン割れしてしまい、あわてて九二年秋、翌年から三年間の減反を、予定の年八七万ヘクタールから六七万六〇〇〇ヘクタールに緩和していた。しかし、いったん転作した農家は、稲作には戻らなかった。生産者米価が低く抑えられ、減反が続くと予想されるなかで、いきなり米を作れといわれても、従えないのは当然だ。

そんなわけで、凶作の前から、米の需給政策はもう破綻していた。減反政策で兼業がさらに増え、農家が培ってきた米作りの技術と知識と経験、そしてなにより意欲が失われていたことも大きい。また、栽培が消費者の好む味の品種、とりわけコシヒカリに偏り、寒さに強い品種がないがしろにされていた。凶作の備えに効果的なのは、多様性のある品種を栽培することだが、その習慣も忘れられていた。

「一粒たりとも輸入しない」と主張され続けた米基盤の食料安全保障が、いかにひ弱なものかを露呈したのが、この凶作だった。それに、不作だからと減反を緩和しても、いったん使われなくなった田んぼは荒れ、また収穫できるまで復旧するには数年かかる。その間に豊作が続くとまた米が余り、再び減反が実施され、もしまた冷害が起こったら足りなくなる、が繰り返されるだろう。まったく場当たり的だ。一年分の備蓄もないなんて、安全保障もあったもんじゃない。

混乱のまっただなかに決まった米の部分開放

天災というより、人災の側面が大きかったのにもかかわらず、この一件は戦後最悪の凶作、いや一〇〇年ぶりの大凶作だと騒がれ、天明・天保の飢饉になぞらえられた。多数の餓死者を出した江戸時代の飢饉にたとえるのは、いくらなんでも大げさだが、米離れしているように見えても、日本人の米に対する執着はやっぱり強かった。

凶作でひと儲けしようと企てた輩も現れた。一〇月に発生した米の盗難事件は一〇〇件を超え、一攫千金を狙ってヤミ米業者が大量の買い占めに走ったりした。

こうした混乱のさなか、一九九三年一二月一五日のウルグアイ・ラウンド最終交渉期限目前の一四日、日本政府は議長からの調整案を受け入れ、ついに米の部分開放が決まった。細川護熙首相は国会で「苦悩に満ちたなかで最終的な決断」と語ったが、首相を模した藁人形を焼く農業団体まで現れた。米の怨みはこわかった。

とはいえ調整案は、日本の主張がかなり盛り込まれた内容だった。アメリカが要求し、一貫して日本が拒否してきた「例外品目なき関税化」は合意したが、米には九五年から六年間は関税化を行わない特別措置が適用されることになった。ただし、最低輸入量が定められる無関税のミニマム・アクセス米は国内消費量の四パーセントから八パーセントへ、毎年〇・八パーセントずつ増やすことが義務づけられ、六年間の猶予後に特別措置を継続しない場合は、関税化に移行することになった。

七七八パーセント！　超高率関税がかけられた

時計の針を先にまわすと、一九九五年に食糧管理法（食管法）が、食糧法（正式名称は「主要食糧の需給及び価格の安定に関する法律」）に移行した。ヤミ米（制度上は存在しないはずの不正流通米。自由米とも呼ばれた）が標準米を超え、自主流通米と同程度の量になるなど、従来の食管制度はすでに形骸化していたが、海外からの米輸入が決定打となって、戦中の四二年に施行されて五三年間しぶとく生き延びてきた制度がやっと廃止されたわけだ。

これで政府が管理するのは、備蓄と価格の安定に関与する計画流通米だけになり、ヤミ米は計画外流通米として認められるようになった。

米の関税化は六年の猶予期間を待たず、九九年四月からはじまったが、一キロあたり三五一円一七銭、翌年からは三四一円の関税がかけられた。関税率に換算すると、なんと七七八パーセント。関税化でだれでも自由に米を輸入できるようになったが、こんな超高率の関税を払う輸入業者がそうそう出てくるはずはない。ミニマム・アクセス以外の輸入は、リゾットに最適なイタリア産カルナローリ米、パエリア用のスペイン産バレンシア米、タイの香り米ジャスミンライスなど、高付加価値の高級米にとどまった。

安い国産米なら一〇キロが三〇〇〇円で買えるのに、関税だけで三四一〇円だから、現地価格で一〇キロ五〇〇〇円のタイ米が、日本のブランド米並みの値段になる計算。日本の米を守るためとはいえ、勇気と根性のある数字である。なお、ミニマム・アクセス米の最低輸入量は、関税化で国内消費量の八パーセントから七・二パーセントに削減された。

「平成の米騒動」が引き出した国産米愛

さて、凶作に戻ると、食糧庁は一九〇万トンを外国から買い入れることを決め、最終的に二五四万トンも契約した。結局、一九九三年の作況指数は、「著しい不良」をはるかに下回る74だったが、これだけ輸入すれば、不足はないはずだった。

ところが、緊急輸入した米が到着し、本格的な販売が開始する三月を前に、二月から全国各地で米穀店やスーパーに開店前から長い行列ができて、開店と同時に国産米を買いに走るという光景が繰り広げられ、一時は店頭から米が完全に消えてしまった。オイルショックのトイレットペーパー買い占め騒動の再来だ。ヤミ米ブローカーが暗躍して、コシヒカリ一〇キロに一万円以上の値がついても、飛ぶように売れた。

ヤミ米や売り惜しみの横行に、食糧庁は三月一一日、国産米は輸入米とブレンドするか、輸入米とセットでないと、売ってはいけないという通達を出した。

ブレンド米は、最悪の策だった。味と食感の近い中国米やカリフォルニア米、オーストラリア米ならまだしも、粘りの強いジャポニカ種の国産米と、長細くて粘りけの少ないインディカ種のタイ米を混ぜるなんて、だれが思いついたのか、絶対にマッチするわけがない。これで騒動は、もっと大きくなった。

いちばん気の毒だったのは、タイ米だ。炒飯やカレーには適しているが、和食にはなじみづらいうえ、さまざまな事情から輸出されたのは主食用の一級米ではなく、加工用の米だった。せっかく日本の要請にいち早く応えてくれたのに、「まずい」「臭い」「パサパサする」、はては「ネズミやゴキブリの死骸が入っている」「異物が混入して危険」などと、さんざんなバッシングに遭ったのである。

一方で、タイ米のおいしさを生かす調理法が、テレビや雑誌でさかんに紹介されて、米の多様な食べ方を知るよい契機になった。騒動が予想より早く治まって実現しなかったが、私にもレシピ本を作らないかという依頼があった。

四月になると、米パニックは沈静化し、七月一四日、食糧庁は国産米単品販売を解禁した。実際は、通達が出てから小売店が単品販売禁止を守ったのは短期間にすぎず、なし崩し的にコシヒカリやササニシキ、あきたこまちの袋が並ぶようになったが、国は見て見ぬふりでまったく取り締まらなかった。

「平成の米騒動」と呼ばれても、明治や大正時代の米騒動のように、米を買えない貧しい民衆が起こした運動とは本質的に違う。不自由した人は少なく、煽られたのは、異常なまでの国産米志向だった。

タイ米へのバッシングは、ほかの外国産米にも広がり、国産なら安全・安心・美味という米のメイド・イン・ジャパン信仰が急激に高揚した。とりわけ人気が集中した魚沼産コシヒカリは、偽装事件が多発した。他国の米への悪評や攻撃から、自国の米への愛が深まったなんて、身もふたもないナショナリズムである。凶作は、日本人のしようもない姿を思いっきりさらした。

九三年度の自給率は、戦後最低の三七パーセントに落ち込んだ。高度経済成長期から右肩下がりだった米の消費量は、あれほど国産米への愛が炸裂した凶作以降も、着実に下がり続けていく。

第9章

空前絶後の粗食ブーム

フランス料理にイタ飯、エスニック料理に無国籍料理、香港点心に台湾小皿料理、スーパー・プレミアム・アイスクリームにティラミス……。一九八〇年初頭からバブルが弾けるまで、外来のファッションフードが怒濤のように流行を繰り返した。七〇年代までは欧米からやって来るものが大半だったが、八〇年代はアジア料理の台頭がいちじるしく、食の国際化がますます進んだ。いまでは国民食のひとつになった焼肉とキムチが一般に浸透したのも、八〇年代だった。

その反動か、あるいは外来ものに飽きてきたのか、バブル崩壊後もバブリーな消費ムードは続いたが、牛肉輸入自由化でステーキよりもしゃぶしゃぶ食べ放題が人気だったように、ファッションフードが急に内向きになってきて、ご当地ラーメン、蕎麦、コロッケなど、在来の食べ物のブームが頻発するようになった。

食生活のメイド・イン・ジャパン回帰思想あらわる

一九九三年から翌年にかけての米騒動で、国産米への愛が急激に高まったことは前章に書いた。その気分がまだまだ継続中の九五年、強力な食の伝統回帰思想が登場した。「粗食」である。

粗食の意味は「粗末な食事をすること。また、その食物」(『広辞苑』)である。その響きからは、いかにも不況らしい流行現象に思えるが、ちょっと違う。粗食は健康長寿法として人気を集めたのである。

ブームのきっかけになったのは、九五年七月に刊行された『粗食のすすめ』。飽食をやめ、粗食に帰れば、病気が治って健康になり、スマートな体型になって長生きができると説き、堂々一四〇万部のベストセラーになった健康本である。

序章から、粗食のキモになる部分を引用してみよう。

「近年、日本人の米の消費量は急速に減少している。それに伴い、減反政策(生産調整)が行われてきたことも止むをえないのかもしれない。

だが、米の消費量が減り、『豊かな食生活』になって、日本人は健康になったのだろうか。

その答えは、生まれたときから『豊かな食生活』で育ったこどもたちをみれば分かるはずだ。アトピー性皮膚炎の急増、虫歯の急増、歯並びのまともな子どもを探すのは難しい状況になっている。とくに、アトピー性皮膚炎の問題は、もはや単に子どもの健康問題から社会問題になりつつある。

まさに、ご飯を食べなくなり、肉や食肉加工品、牛乳、乳製品、油脂類、砂糖類などが増え過ぎた結果なのである。しかも、それらの畜産物や油脂類を食べるために、大量の穀物を輸入し、世界の食糧事情に大きな影響を与える結果になっている。世界の飢えと無縁ではない。

はたして、それが本当に豊かな食生活なのだろうか。そろそろ、冷静に［食の問題］を考え直す時期ではないのだろうか。

今こそ、『粗食』に帰るべきなのである。『粗食』とは『貧しい食生活』という意味ではない。日本という自然の豊かな風土の中から生まれてきた素晴らしい食生活——『素食』を見直すことなのである」

飽食していることを自覚していた日本人に、戦後の食と農のあり方への反省をガツンと促す、迫力満点のプロローグだった。

欧米食の否定と伝統食の礼賛

戦前までの日本人は、総カロリーの大部分を主食から摂り、おかずは塩辛い漬物や佃煮などが中心で、量は少なかった。炭水化物に偏った食習慣と、塩分の摂りすぎによる脳溢血や胃病が多く、平均寿命は男女とも四〇代と短命だった。

戦後まもなくはじまった栄養改善普及運動で食の洋風化が推進され、たんぱく質と脂質の摂取量が増えて炭水化物の比率が減ったわけだが、その洋風化こそが日本人の健康をむしばんだ犯人なのだと、『粗食のすすめ』は力説する。

成人病の急増、アレルギー疾患の蔓延、若い女性の貧血や冷え性、便秘……ほとんどの病気と体調不良は肉や乳製品など、洋風食品過多の食生活が原因で起こる。戦後の栄養改善は、完全な間違い。欧米の食生活が理想という、ずっと信じ込んでいた「錯覚」から抜け出して、日本の風土に合った食を見直そう。そう主張した。

欧米食がどれほど日本人の体に合わないかをいやというほど説明し、伝統食の素晴らしさを礼賛する。凶作で米に対する意識が高まっていた時期だけに、日本人の米離れが世界の食糧問題に直結しているとの指摘にも説得力があり、肉や脂肪の摂りすぎに、なんとなく疑問や不安を感じていた人たちは、「やっぱりそうだったのか」と納得させられた。

そもそも、食に意識が高い人たちは、このタイプの反近代的な文明批判や、自然や風土を尊重する思想に、胸がキュンとしやすいのである。

成人病が「生活習慣病」に呼び名が変わったのが一九九六年だから、タイミングもよかった。昔は「老人病」と呼ばれ、加齢によって避けられない病気と考えられていた糖尿病、高血圧症、脳溢血、がんなどが、年齢に関係なく、不適切な食事や喫煙、飲酒、運動不足で発症し、生活習慣を正せば予防できるという自己責任論を突きつけたのが、この名前だったからだ。

以降、『粗食のすすめレシピ集』『美しい人をつくる「粗食」生活』『「粗食」は生きること』『プチ粗食のすすめ』『外でも粗食』『粗食で生き返る』『病気にならない夜9時からの粗食ごはん』……と、粗食本が続々と発売されて、なんと累計三〇〇万部だそうだ。女性誌も健康ダイエット料理としてこぞって取り上げ、粗食のイタリアンやフレンチまで登場した。ブームは長く続き、著者の管理栄養士・幕内秀夫は〝粗食のカリスマ〟となって、いまも旺盛な活動を続けている。

カタカナ食品追放のすすめ

粗食の献立を具体的にいうと、パン、牛乳、乳製品、油脂類、砂糖、肉類、食肉加工品は極力控えて、主食の玄米（または未精製の米か雑穀）を漬物、味噌汁と一緒にたっぷり、おかずは季節の野菜を主に、魚を少しだけ。味噌、漬物、納豆などの発酵食品を、毎日欠かさないよう心がける。主食が五、野菜・海草・イモが三、豆・種実（ごま、クルミなど）が一、動物性食品は魚介類をメインにときどき卵で一の割合が目安だ。

実は、粗食は明治時代に石塚左玄が提唱した食養のリバイバルで、玄米菜食がベースになっている。ただ、同じく食養の子孫であるマクロビオティックが、原則的に動物性食品をすべて禁じているのに対し、ルールがゆるくてとっつきやすい。魚と卵は食べてよいし、肉や乳製品も厳格に禁止するのではなく、多食で起こる病気の実例を解説して、「だからなるべく減らしましょう」。高圧的な「いけない」ではなく、あくまでおだやかな「すすめ」なところがミソだ。

玄米菜食は歴史的にみると食養生や民間療法の主流で、粗食とマクロビオティック以外にも、いろいろな流派がある。けっして目新しい健康法ではないが、粗食という虚をつくネーミングには、いまだかつてないインパクトがあった。

主食ばっかり食べていた昔は栄養失調が蔓延していたではないかと、突っこみを入れたくなるが、「石炭ストーブにたとえるなら、戦後の栄養失調は石炭が不足して燃えない状態。現在は燃料をたくさん入れてあるものの、うまく燃えずに不完全燃焼を起こしている現代型栄養失調の状態」等々、思わず納得されられるレトリックにも長けていた。

また、「ＦＯＯＤは風土が決める」「外食イコール害食に注意」と、まるでコピーライターのごとく、言葉づかいが絶妙だった。最近も、著者のブログで「情報過食症の時代」という表現を見つけ、思わず膝を打ってしまった。

粗食のかんたんな実践法に、「カタカナ食品」から「ひらがな食品」への転換がある。これもキャッチーなすすめだが、「パン→ご飯」「ラーメン→そば」「スパゲッティ→うどん」「サラダ→おひたし」「ピザ→お好み焼き」「ケーキ→まんじゅう」あたりは、油脂分を控えるという意味でわかるが、「カレーライス→ざるそば」は根拠が不明。「ピラフ→焼き飯」「オレンジ→みかん」「ブランデー→焼酎」となると栄養的な違いはなく、ほとんど戦時中の敵性語禁止だ。と、突っこみどころは多々あるが、おやじギャグ寸前のおもしろさで読ませてしまう。

お米は一日三合、一年一六四キロ食べましょう

欧米食によって歪められた現代人の健康を救うべく現れた粗食は、戦後最初で最大の日本食ブームといってもよいだろう。みながなんとなく抱いていた「日本食はヘルシー」というイメージを、風土と伝統を盾に強化し、体によいことをなかば常識にしてしまったのだから、単品のブームとはスケールが違う。平成には、納豆、ゴマ、豆乳、寒天と、多数の和風健康食品がブームになったが、そのなかでも粗食は群を抜き、息も長かった。

とはいえ、やっぱり米の消費量は増えなかった。レシピ集を見ると、米の分量は三食それぞれ一合ずつ、一日三合のご飯を食べることになっている。三合は約四五〇グラムだから、一年で約一六四キロの計算になる。戦後ピークの一人当たり一一八・三キロをはるかにしのぐ数字だ。粗食メニューはすべて国産の材料でまかなえるので、実践すれば確実に

食料自給率は上がる。でも、そんな大量の米、とても食べられそうもない。

一方、日本人のたんぱく質摂取量とエネルギー摂取量は、本当に九〇年中盤から下降していった。とくに動物性たんぱく質摂取量は、バブル期にぐんと伸び、一九九五年を境にゆるやかに下っている。粗食の流行だけが原因ではなく、ダイエット志向や運動量の低下など、さまざまな因子が関わっているはずだが、アルブミン（血液中でもっとも重要なたんぱく質のひとつ）が低下する「新型栄養失調」が、高齢者だけでなく、若い世代にも増えていることが問題視されるようになった。

病的なまでの健康志向の高まり

高齢者は、たんぱく質不足による低栄養化で骨と筋肉が弱くなって骨折や転倒が増え、寝たきりになるリスクが高まる。アルブミンが多いほど、老化速度が遅くなり、病気にかかりにくくなるそうだ。つまり、健康寿命が伸び、元気で長生きできる。

二〇一〇年代に入ると、年をとったら若いとき以上に動物性たんぱく質を摂取しましょうという栄養指導が官民で積極的に行われ、摂取量は多少盛り返した。また、一三年前後から、今度は炭水化物の摂取を控える糖質制限が流行し、それと連動して〝空前〟といわれる肉ブームが起こった。

動物性たんぱく質と脂肪はいくらでも食べてもよい糖質制限は、粗食とは真逆の健康法だ。いまや形勢不利となった粗食だが、それでも今日の和食や発酵食品のブームは、粗食との連続性があり、「和食が体にいい」と信じている人は多い。これから求められるのは、その科学的根拠の検証だろう。それにしても、粗食にせよ糖質制限にせよ、極端な健康法が寄せては返した平成は、病的なまでに健康志向が高まった時代だった。

逆輸入されたマクロビオティック

ところで、マクロビオティックは日本より先に、アメリカで定着した。五〇年代のビート・ジェネレーション、六〇年代のヒッピー・ムーブメントで、禅やヨガなどの東洋思想に傾倒した都市部の若者たちに浸透し、自然食として全米に信奉者を増やしたのである。「玄米を食べるとハイになる」という噂が広まったこともあるそうだ。実際に玄米が精神になんらかの作用を与えるはずはないと思うが、高カロリーな肉食生活の人が低カロリー

桜沢如一（写真提供：日本CI協会）

の玄米菜食に切り替えると、心身が清らかになったような霊的体験を得られるのかもしれない。マクロビオティックは、アメリカ人にとって、〝メンタル・ディシプリン（精神修養）〟であり、既成の価値観や制度、物質文明に対抗するカウンターカルチャーのひとつでもあった。

マクロビオティック創始者の桜沢如一《ゆきかず》は、石塚左玄の後継者として、戦前に食養会の会長をつとめたが、独自の思想を打ち出しすぎたため幹部の反発を買い、追い出されるかたちで脱会。戦中は反戦運動に没頭し、戦後も世界政府協会を設立したり、世界連邦建設運動に参加して日本本部を自分の私塾に置いたりした。しばらくしてマクロビオティックの語を使うようになり、ジョージ・オーサワと名のって海外での食養普及に傾注した。マクロは大きい、バイオは生命、ティックは術・学の意、マクロビオティックは訳すと「長生き術」になる。

桜沢独自の思想とは、宇宙のすべての事象は陰と陽から成っているとする「無双原理」。マクロビオティックでは、陰の食べ物と陽の食べ物の調和が重要視される。桜沢は世界平和と人類の幸福の実現を目的に、食事法を基盤に、無双原理を海外に広めようとしたようだ。こうした精神主義が、「ラブ・アンド・ピース」を唱えて反戦と自然回帰をめざしたヒッピーたちの理想とぴったりマッチした。

前述の「合衆国の栄養目標（マクガバンレポート）」を主導したジョージ・マクガバン上院議員は、マクロビオティックの理論に興味を持っていたという説がある。マクロビオティックを通して、「日本食はヘルシー」というイメージがアメリカで形成されたという説もある。

真偽はわからないが、全米二〇〇万人といわれるマクロビオティックの実践者にはマドンナをはじめ、トム・クルーズ、グウィネス・パルトロー、クリントン元大統領、ゴア元副大統領、故スティーブ・ジョブズなど、各界の著名人が名を連ねている。日本にもマクロビオティックの団体が複数あるにもかかわらず、海外のセレブが愛好する美容と健康によいダイエット食として逆輸入されて、二〇〇四年前後からブームになった。「マクロビ」の愛称もでき、難しい理論は省略して動物性の食材も取り入れた「ゆるマクロビ」「プチマクロビ」系のレシピ本も人気を集めた。

アメリカのセレブが選んだヘルシーフード

マクロビがブームになるまで、在来のマクロビオティックは、どこかうさん臭かった。宇宙の真理だの陰陽の調和だのと説かれると、ほとんどカルトか神秘主義に聞こえ、玄米菜食を「正食」、それ以外を「邪食」と呼ぶなど、排他性も強かった。

それが、アメリカで流行しているとわかると、突如として市民権を得た。セレブに選ばれたナチュラル・ヘルシーフードが、日本生まれだったことは、日本人のプライドを大いにくすぐった。まったく日本人は、海外での評価に弱い。国内マクロビオティック組も、ブーム以降はがぜんメジャーになったように見える。

実は、耳慣れた「自然食」「自然食品」という言葉は、どちらも桜沢の門下生の造語である。一九七一年に塩業近代化臨時措置法が成立して塩田が全面廃止になり、国産塩が工場大量生産の専売塩オンリーになってから、政府に働きかけて伝統製法を認可（赤穂の天塩、伯方の塩、海の精など）させたのも、同じく桜沢門下生だった。マクロビオティックは、気づかないうちに生活のなかに入りこんでいる。

無双原理をはずしてしまえば、身土不二――その土地でとれたものを食べる、一物全体――食材はあますところなく全部食べる、穀菜食――穀物と野菜を中心に食べるなど、マクロビオティックは、昔はごくごく当たり前だった素朴で質素な庶民食だ。日本の食が多くのものを捨て去ってしまったから、そのような復古調の食事がもてはやされるのである。栄養的な目標にしたアメリカで、純正メイド・イン・ジャパンのマクロビオティックが高く評価されたのは、皮肉なことだった。

粗食が世界の潮流に

現在、温暖化を抑止するためには、肉食を減らすことが有効だと考えられるようになった。大量の土地と飼料穀物、水を必要とする畜産業は、環境に与える負荷が大きいためだ。

牛のゲップとオナラから排出されるメタンガスには、CO_2を上回る温室効果があることも、広く認知されるようになった。

欧米では、健康面だけでなく、環境保護と動物福祉の観点からも、ベジタリアンやフレキシタリアン、ヴィーガンなど、もともと日本より多かった菜食主義者の割合がさらに増えている。植物性原料一〇〇パーセントの代替肉はすでに商業ベースに乗っているし、細胞から培養する人工肉の開発も進んでいる。

ベジタリアンには卵や乳製品は食べる人がいたりと、それほど厳格ではなく、フレキシタリアンは週に何度か肉を抜く程度と柔軟なベジタリアンだが、ヴィーガンはマクロビオティックと同様の完全菜食主義。日本ではおしゃれなヘルシーフードのイメージだが、衣服や化粧品、家具も含めて身のまわりからいっさいの動物性製品を排除し、動物愛護を旗印に、肉屋襲撃などの過激な行動をとることもある原理主義者だ。

まさに「いまこそ粗食に帰ろう」が、世界の潮流になっている感がある。現在、食に求められているのは、ＳＤＧｓ（持続可能な開発目標）の取り組みだ。しかし、と立ち止まって考える。たしかに、これからは個人の健康に役立つと同時に、地球の健康にも役に立つ食事を考えるべき段階に来ている。だが、日本の場合はどうだろう。ベジタリアンになろうと思えば、代替肉や人工肉に頼らなくても、昔の食事に戻ればよいだけだが、それでも大豆は輸入に依存している。肉を食べなくなると、戦後に獲得した健康長寿が失われるかもしれない。持続可能性だけで選択すれば、食の多様性は相当に失われるだろう。それで辛抱できるだろうか。やっぱりメイド・イン・ジャパンの食文化は、問題がいっぱいだ。

第10章

集団食中毒二〇年史

粗食ブームがはじまった一九九〇年代は、安い輸入牛肉が出回るようになったおかげで、日本人が史上もっともたくさんの牛肉を食べた時期だった。肉食を控えて穀菜食に励む一派がいる一方で、牛肉食べ放題の店がやたらと繁盛する。そこに大きな対立や分断があったわけではない。こうして矛盾した流行現象が違和感なく同時進行するのが、日本の食文化のおかしなところである。

牛肉輸入自由化、米の部分開放がそうだったように、九〇年代からは食のグローバリゼーションが、生活のなかで目に見えるようになった。それにともなって、海の向こうの食のリスクが持ち込まれるようになり、「国産食品安全神話」が醸成されていくわけだが、ことはそう単純ではなかった。

それはハンバーガーからはじまった

最初に猛威をふるったのは、病原性大腸菌O157だった。牛の腸内をすみかにし、その糞便から食べ物や水を介して人に感染して、さらに人から人へも感染する。赤痢菌に似た強い毒素を出す腸管出血性大腸菌のひとつで、少量の菌でも感染してしまう。低温に強く、冷凍庫でも生き延びる。成人のほとんどは激しい下痢と腹痛、血便で終わるが、抵抗力のない子どもや高齢者の場合は、急性腎不全や脳症を起こし、死にいたることもある。潜伏期間が長いため、感染源の特定が難しい。

はじめてO157が検出されたのは、一九八二年にアメリカで起きたハンバーガーによる集団食中毒事件だった。その後、ヨーロッパ、オーストラリア、アジアでも相次いで発生し、九三年にはアメリカの大手ハンバーガーチェーン「ジャック・イン・ザ・ボックス」で感染者七三二人を出し、うち四人が死亡。当時「アメリカ史上最悪の食中毒事件」と呼ばれた。

ハンバーガー業界の実態を暴き、世界的なベストセラーになったノンフィクション、

『ファストフードが世界を食いつくす』（草思社、二〇〇一）をドラマ化した『ファーストフード・ネイション』というアメリカ映画がある。あまりにも劣悪な労働環境、いい加減すぎる衛生管理は衝撃の連続で、なかでもいちばんショッキングだったのは、精肉工場で牛を解体するとき、内臓の取り出し方がずさんで、肉が糞便で汚染されるシーンだった。

肉の表面に付着した菌はそこで増殖するが、肉の内部には入っていかない。また、O157は熱には弱く、七五度で一分以上加熱すれば死滅する。かりにステーキ肉に付着していても、表面をしっかり焼けば、なかがレアでも中毒はまぬがれる。しかし、挽肉を混ぜ合わせて作るハンバーガーのパテは、全体にまんべんなく菌が広がり増殖するので、中心部分まで七五度に加熱しないと危ない。ジャック・イン・ザ・ボックスの食中毒は、パテが生焼けだったのが原因だった。

原作の著者、エリック・シュローサーによると、一個のハンバーガーパテには数十頭、ときには数百頭の肉が混ざっており、そのうち一頭でも危険な病原菌を持っているだけで、感染の拡散ははかり知れない。効率化を追求する生産システムは、食品を媒介に伝染するさまざまな病気のリスクを増大させ、グローバル化によって瞬時に国境を越え、数百万人の健康を脅かすようになった。

ぬれ衣を着せられたカイワレ大根

国内では一九九〇年に埼玉県浦和市（現さいたま市）の幼稚園で、井戸水から三一九人が感染し、二人が死亡したのが、O157が最初に注目された事件。それ以降も感染は続き、九六年に入ると全国で爆発的に流行した。

まず五月、岡山県邑久《おく》町の幼稚園と小学校で、四六八人が発症し、二人が死亡。原因は、給食と見られた。それからというもの、各地で同じような集団感染が相次ぎ、七月には大阪府堺市の小学校で、感染者九〇〇〇人以上、うち死亡者三人（二〇一五年に後遺症で一人亡くなったので計四人）という、桁外れの集団食中毒事件が発生した。原因は、やはり給食だった。

このとき、厚生大臣（当時）の菅直人が、原因食材の可能性が高いと発表したカイワレ大根は、壊滅的な打撃を受けた。それまでの健康食品イメージを完全に失い、全国的に出荷量は激減、価格は半値以下に落ち込んだ。破産に追い込まれたり、自殺したりした生産者も現れて、大きな社会問題になったほどだ。

結局、給食に使用されたカイワレ大根の生産施設と従業員からはO157は検出されず、菅大臣は一転、記者会見でカイワレサラダを食べるパフォーマンスで、安全性をアピールした。だが、このときの痛手は長く引きずられた印象がある。生産業者らが損害賠償を求めた民事裁判では、二〇〇三年の最高裁で国に損害賠償支払いが命じられたが、その後スプラウト（新芽野菜）のブームが起こっても、カイワレ大根の存在感は薄かった。原因食材は、いまも不明のままだ。

牛の腸内にいるO157がなぜ野菜に付着するかといえば、糞便が土壌を汚染し、その土で育つ野菜を汚染することからはじまる。収穫から調理までのプロセスでも、汚染のリスクはいくつもある。カイワレ大根のような水耕栽培の野菜は、水が疑われる。

問題なのは、感染しても症状が出ない人もいることだ。本人は健康でも便にはO157が存在しているため、タオルやドアノブを介して、気づかないうちに周囲に感染を広げる可能性が高い。調理時にも、手や器具に少しついていただけで感染する恐い菌なのである。

先進国で多発する新型食中毒

カイワレ風評被害のあおりを受けて、レタスやキャベツなど、生食野菜全般の消費も激減し、値崩れした。食中毒への恐怖から、外食産業の売上も落ちた。一方で、除菌スプレーや薬用石鹸、アルコール消毒液、漂白剤など、除菌関連商品が飛ぶように売れ、抗菌加工が施された台所用品や日用雑貨、文房具などの抗菌グッズの売れ行きも絶好調になった。しかし、食品衛生に対する意識が本当に高まったかというと、そうとは思えないのである。

まだわからないことは多いが、牛がO157を保有するようになったのは、北米で濃厚飼料による多頭飼育が普及した一九六〇年代以降という説がある。国産牛からのO157検出率は、二〇〇〇年代に急激に増加しているらしい。野菜や果物から感染することはあっても、もっとも危険度が高くて警戒すべきは、輸入と国産を問わず、やっぱり牛肉だ。

それなのに、牛肉によるO157中毒は、集団食中毒事件後もあとを絶たなかった。一九九八年から二〇一八年までの二〇年間で、最少の年でも三四人、最多の年では九二八人もの患者が発生している。全部の原因食材が牛肉ではなく、テイクアウト惣菜のポテトサラダ、露店の冷やしキュウリという思わぬ伏兵もいたが、ユッケ（牛の生肉を細かく叩いて調味料であえた料理）、レバ刺し、ハンバーグ、サイコロステーキ、たたき、ローストビーフといった牛肉料理が目立つ。

Ｏ１５７感染を予防するには、食品は冷蔵庫できちんと保存する、料理する前には手、調理道具、材料をよく洗う、肉をさわった手で他の材料をさわらない、疑わしい食べ物は食べないなど、昔ながらのアナログな方法で十分に役立つ。何より重要なのは、肉はよく加熱すること。中心までしっかり火を通せば、Ｏ１５７だけでなく、ほとんどの細菌やウイルス、寄生虫は熱で死滅する。とてもシンプルな解決法だ。

ところが、二〇〇〇年代以降、とくに二〇一〇年代は、グルメ志向から生や半生の肉料理を好む人が多くなったように思える。外食では、たんぱく質が変成するかしないかの低温で時間をかけて加熱し、かぎりなく生っぽく仕上げる低温長時間調理の流行が典型だ。やわらかくジューシーになるが、表面の菌が元気に生き延びて繁殖している危険がいっぱいの調理法である。正しい衛生知識を持つ料理人が行えば安心して食べられるが、そうでない場合は日なたに置いておいた刺身と思って警戒したほうが身のためだ。

衛生設備が完備した先進国でＯ１５７が多発するのは、ヘルシー志向の影響もある。アメリカでも感染源の多くは牛肉だが、アップルジュースや有機栽培のホウレンソウから発生したこともあるし、二〇一八年の流行では原因はシーザーサラダの主材料であるロメインレタスと断定され、米疾病対策センターが販売禁止と廃棄を勧告し、「シーザーサラダが食べられなくなった」と騒がれた。

O157に見る衛生観念の消失

食中毒の増加で、とりわけ危険性が高いとみなされたのが、ユッケとレバ刺しだった。二〇一二年、生食用の牛肉は、と畜場の名称と所在する都道府県名（輸入品は原産国名）、加工施設の名称・所在地などを表示し、表面から深さ一センチ以上に六〇度二分以上の加熱殺菌後、ただちに四度以下に冷却するなど、きわめて厳しい基準が義務づけられた。牛レバーにいたっては、食品衛生法で生食用の販売と提供が禁止された。レバーは肉とは違って、表面だけでなく内部にもO157が検出されたためである。これで、焼肉店で何十年も定番として親しまれてきたユッケとレバ刺しが、メニューから消えた。残念だが、子どもに平気で生肉を食べさせる親がいるような現状だから、仕方がない。

食中毒をふせぐために厚労省がつくったポスター（厚労省ホームページより）

もともと日本人は刺身や生卵を好み、戦後は生野菜のサラダを食べる習慣を身につけた。生食大好きの長年の嗜好は、O157発生以降も弱まるどころか逆に強まり、蔓延を許した。公衆衛生政策や企業の取り組みがうまく機能して食品衛生の水準が高まった反面、各人の衛生観念が低下したことが原因だと思う。世界一のグルメ国と浮かれるのは結構だが、身を守るのはひとまかせで、作る側も食べる側も、食中毒菌にはあまりにも無頓着になってしまったのではないだろうか。

その念を強くしたのは、牛のレバ刺しが禁止されて、あろうことか代替品として豚レバーの刺身を出す店が多数現れたときだ。とんかつやローストポークを、半生で出す店も珍しくなくなった。豚肉の生食にはE型肝炎ウイルス、サルモネラやカンピロバクターなどの細菌に感染するリスクがあり、海外では有鉤条虫、旋毛虫など寄生虫の感染も報告されている。ましてや、レバーを生で食べるなんて、論外の暴挙だ。少し前まで、豚は絶対に中心まで火を入れるのが常識だったから、厚労省も想定外だったろうが、二〇一五年に食品衛生法で肉と内臓とも生食用の販売と提供が禁止された。いちばんこわいのは、恐れを知らぬ日本人の食欲だ。

牛がダメなら豚という発想から見えるのは、食品知識の欠如。豚がダメなら今度は鶏ということで、刺身、たたき、湯引きなど、生や半生で食べた鶏肉や鶏レバーが原因のカンピロバクター食中毒が、目下多発している。鮮度抜群の国産地鶏であろうが、菌はかまわずついてくる。

食中毒への危機感の不在には、あきれることの連続だ。

にもかかわらず、日本人の食品安全性に対する不安は、世紀末から二〇〇〇年代に大きなうねりとなって広がっていった。決定的な出来事は、狂牛病の発生だった。

第11章 狂牛病パニック――地に墜ちた食の安全と国産信仰

その病気の牛がはじめて報告されたのは、一九八六年一一月のイギリスだった。痙攣してよろよろ歩いたり、口から泡を吹きながら攻撃的な行動をとったりするところから、「マッド・カウ・ディジーズ（mad cow disease）」、狂牛病と呼ばれるようになった。

発症からかならず半年以内に死にいたる。脳を顕微鏡で見ると神経細胞に穴がぼこぼことあき、組織がスポンジ化していたことから、正式名は「牛海綿状脳症（Bovine Spongiform Encephalopathy）」と命名された。略して「ＢＳＥ」である。

日本では、はじめて国内発生した二〇〇一年までは、メディアはほとんど「狂牛病」の俗称で報道し、発生後から「ＢＳＥ」という呼び方のほうが優勢になった。対岸の火事だった頃は、「狂う牛」という、いかにも不気味なイメージのある名前でヨーロッパの情勢を煽情的に伝え、そうではなくなるとやっと深刻に捉えられるようになり、正式名で風評の沈静化を図った印象がある。ここでは、その時系列に沿って、狂牛病とＢＳＥを混ぜ書きする。

羊から牛、牛から猫へ。では人間は？

二〇〇年以上前からヨーロッパで知られていた羊の病気に、「スクレイピー（scrapie）」がある。脳神経が冒され、体がブルブルと震えてまともに立てなくなり、立木などに体をこすりつけ（scrape）、立とうとすることからこの名がついた。狂牛病の症状はスクレイピーと酷似しており、感染した羊の死骸を使用した肉骨粉入りの配合飼料が与えられた結果、羊から牛に感染した可能性が高いと考えられた。現在では、一頭の牛の遺伝子に原因不明の突然変異で病原体が発生し、その牛が肉骨粉に加工され、多くの牛に感染したという仮説が有力だが、原因はいまだに解明されていない。

肉骨粉とは、家畜と家禽から食肉を取ったあとの残りの骨やくず肉、内臓、脳、血液などを加熱処理後、乾燥させて粉末にしたもので、農作物の肥料、家畜とペットの飼料に利用されてきた。狂牛病の発生後、日本でも広く一般に知られるようになった名前である。

羊と牛は本来、草食動物だが、肉骨粉を与えると成長を早められる。残りものを無駄にせず、リサイクルできるメリットも大きかった。

スクレイピーが人間に感染した例はなかったため、当初は狂牛病も人間には感染する危険はないとされた。ところが一九九〇年四月、感染牛の肉が原料と思われるペットフードを食べていた飼い猫が、同様の症状で死亡したことがわかったのである。脳はスポンジ化していた。「安全性が確認されるまで、イギリス国民は牛肉の摂取を控えるべき」という記事が、タイムズ紙に載った直後だった。ニュースはセンセーショナルに報じられ、「猫にうつったのだから、人間にもうつるかもしれない」と、イギリス人を震撼させた。

最初に発生した八六年から、発症数はうなぎ上りで急増中だった。国民の多くが牛肉を食べることに恐怖を感じるようになり、給食のメニューから牛肉をはずす学校や病院、老人介護施設が続出。牛肉の人気は急降下し、スーパーでの売上は五〇パーセント以上も減った。

「ビーフイーター」と呼ばれるくらい、牛肉好きのイギリス人にとって、国難といってよいほどの一大事である。しかし、イギリス政府は牛肉の人体への影響を否定し、農業大臣のジョン・ガマーが娘と一緒にテレビに出演し、カメラの前でふたりでハンバーガーを食べてみせて安全性をアピールした。どこかで聞いたような話である。

人間にも狂牛病そっくりの脳症があった

スクレイピー、狂牛病とよく似た人間の病気に、「クロイツフェルト・ヤコブ病（以下ヤコブ病）」がある。おもな症状には、認知症、痙攣、行動異常、歩行障害、視覚障害などがあり、やっぱり脳がスポンジ状になる。進行が非常に早く、発症から半年以内に自発行動がなくなって寝たきりの状態になり、一〇〇パーセントの確率で二年以内に死亡する。治療法はいまのところない。「プリオン」と呼ばれる感染性がある異常たんぱくが脳に蓄積して、神経細胞を壊していく恐い病気だ。

ヤコブ病の症例が報告されたのは、一九二〇年代と早かったが、病原体は寄生虫でも細菌でもウイルスでもなく体内のたんぱく質そのものにある、という仮説が立てられ、本格的な研究がはじまったのは七〇年代だった。

プリオンは、九七年度のノーベル医学・生理学賞を単独受賞したアメリカの医師・生化学者、スタンリー・B・プルシナーが、protein（たんぱく質）とinfection（感染）をもとに、八二年に造語した言葉である。proteinaceous（たんぱく質性）+ infectious particle（感染性の粒子）の略語だが、そのままだとproin（プロイン）になって語呂が悪いため、oとiの順番を逆にして、prion（プリオン）にした。「感染性たんぱく粒子」と訳され、プリオンによって起こる病気は「プリオン病」と呼ばれる。

ヤコブ病は、一年に一〇〇万人にひとりの割合でしか発症しないが、それ以上の高い比率で発症したプリオン病に、「クールー病」がある。おそらくは重要なたんぱく源として、死体を食べる習慣があったパプア・ニューギニア高地の先住民、フォレ族のあいだにだけ見られた病気だ。クールー病が発見されたのは第二次大戦後だが、人肉食は二〇世紀に入ってからはじまり、最初の患者は二〇年代に現れたと推測されている。

カニバリズムが生んだクールー病

フォレ族の言葉でクールーは、「ぶるぶる震える」を意味する。症状はヤコブ病と同様で、半年から二年以内に死亡する。肉の部分は男性が食べ、もっとも感染性の強い脳、内臓は女性と子どもに与えられたため、患者には成人女性と男女の子どもが多かった。

アメリカの国立神経疾患・脳卒中研究所（NINDS）によると、年間にフォレ族の二パーセントが、この病気で命を落とした。一九六〇年代には二〇〇〇人以上が死亡し、女性の最大の死因だったそうだ。五〇年代後半に人肉食が禁止されて以来、患者の数は劇的に減っていったが、潜伏期間が非常に長く、二〇〇〇年代にも死亡者が出ている。

プルシナーの受賞からさかのぼること約二〇年、アメリカの医師、ダニエル・C・ガジュセックが、クールー病の研究で七六年度のノーベル医学・生理学賞を受賞している。ガジュセックは現地に渡ってフォレ族とともに暮らし、文化や言語のフィールドワークを行いながら調査し、死者の脳を食べるという行為と病気との関連性を見出した。

ガジュセックはクールー病を感染させる原因物質の特定はできなかったが、死亡した少女の脳組織をチンパンジーに接種してクールー病を発症させる実験に成功し、脳症が人から人へと感染するのみならず、種の壁を越えて感染することを実証した。この研究は、プリオン発見への大きな足がかりになった。

病原体はすべて遺伝子を持つというのが医学界の定説で、遺伝子を持たないたんぱく質のプリオンそのものが自己増殖し、病原体になるという仮説は異端視され、当時プルシナーは激しい批判にさらされたという。なお、現在では、異常プリオンは自己増殖するのではなく、正常プリオンを異常型に変化させることがわかっている。

日本にも輸出されていた危険な肉骨粉

狂牛病の最初の発生は、一九八六年。やっとその二年後の八八年、イギリス政府は狂牛病の原因だと考えられていた肉骨粉を、家畜の飼料として使用することを禁止した。この措置で狂牛病の罹患数は減りはじめたが、ピークだった九三年は週に一〇〇〇頭も発症したというから、すさまじい。

ところで、肉骨粉の製造法は一九二〇年代に確立し、長年にわたって問題なく利用されてきた。それがなぜ八〇年代に突然、狂牛病を引き起こしたのだろうか。その理由として疑われたのが、七〇年代の石油ショックだった。

肉骨粉は家畜と家禽の食肉にならない部分から、有機溶媒で油脂分を分離して脱脂し、高温高圧で加熱殺菌処理後、乾燥、粉末にしたものだが、石油ショックで有機溶媒の工程が省略され、加熱用の燃料が節約されるようになった。その結果、処理温度が下がり、加熱時間が短縮され、熱に強いプリオンは不活化(感染力を失うこと)されず肉骨粉に混入したというのだ。現在では、それ以前の方法でも肉骨粉に病原体が残ることがわかってはいるが、畜産文化に取り返しのつかない痛手を与え、社会を恐怖に陥れた狂牛病の、そもそものはじまりが経費節減と省力化だったなら、あまりにもみみっちい話だ。

もっとひどいのが、八八年にイギリス政府が禁止したのは、肉骨粉の国内での使用だけで、輸出は禁止しなかったこと。八九年に、ＥＣ（ヨーロッパ共同体）諸国に二万五〇〇〇トン、中東およびアフリカに七〇〇〇トンを輸出し、九〇年にＥＣが加盟国への輸出を禁止すると、今度は東欧、中東、アジアへの輸出が急増した。

アジア諸国には、イギリスだけでなく、デンマーク、イタリア、オランダなど、ＥＣ内の狂牛病発生国からも肉骨粉が輸入されるようになり、そのなかには日本も含まれていた。九〇年代に輸入した肉骨粉によって、病原体が日本に持ち込まれた可能性は高い。

大量に余ったからといって、目先の利益を求めて危険きわまりない肉骨粉を非感染国に売りさばいた飼料メーカーは、もはや立派な犯罪者である。と、ここで思い出したのが、五五年に起きた森永ヒ素ミルク事件。全国で一万三〇〇〇人以上もの被害者を出し、約一三〇人の幼い命を奪ったのにもかかわらず、残った大量のヒ素入り粉ミルクは人体に無害かどうかの検査は抜きで、飼料会社に売りさばかれて、ニワトリの餌に使われた。ヒ素ミルク飼料の存在はうやむやにされて被害実態は不明だが、肉骨粉の払った代償はあまりにも大きかった。

新型ヤコブ病の発生と狂牛病パニック

牛肉が人体に及ぼす影響について楽観的だったイギリス政府が、一転してついに人間への感染の可能性を認めたのは、一九九六年三月二〇日だった。狂牛病自体は減少しつつある時期だったが、若年で発症する新しいタイプのヤコブ病の患者が、一〇人確認されたのである。

この「変異型クロイツフェルト・ヤコブ病（ｖＣＪＤ）」は、従来型とはあきらかに異なる症状や脳の変化を示し、発症から死亡するまでの平均期間は一八か月と長かった。従来のヤコブ病の発症は六〇歳前後なのに対し、患者の平均年齢は二七歳で、なかには一六歳の少女と一八歳の少年もいた。一〇人のうち一人は九一年以降、菜食主義者だったが、九人は過去一〇年間に内臓を含む牛肉を食べていた。イギリスで牛の脳、脊髄、脾臓、胸腺、扁桃、腸の販売が禁止されたのは、八九年一一月。それまではごく普通に食べられており、脳や脊髄をハンバーガーのパテやソーセージのつなぎに使用することも多かった。

余談だが、フランス料理では子牛の脳と胸腺が高級材料なので、グルメブームの八〇年代、日本のフランス料理店にもお目見えした。脳のサイズは大人のこぶし大で、魚の白子によく似ているが、脂肪分が多いのでもっととろとろの食感。胸腺はねっとりした弾力と、ミルクのようなやさしい風味がある。どちらも好きになったら、かなりの食通と褒めそやされたものだ。胸腺は感染性が低いことがわかって解禁されたが、脳はいまや幻の味。狂牛病で失われた食文化である。

九六年時点で、イギリスではそれまで約七五万頭の感染牛が気づかれないまま食用に解体されたと推定され、「これから全英人口の半分が変異型ヤコブ病になる」とショッキングな警告を発する学者もいた。

この病気で恐いのは、感染してもすぐに発症せず、潜伏期間が非常に長いことだ。クールー病では、五〇年を超える例もあった。最大の狂牛病パニックがヨーロッパを襲ったのは、牛肉を食べると感染することが明らかになった、このときだった。

日本に四三名もいた薬害ヤコブ病患者

英国マクドナルドはイギリス産牛肉は使用しないことを宣言し、イギリスは三〇か月齢以上の牛は全頭殺処分にするルールを、フランスはイギリス原産の子牛の処分を、EU（欧州連合）はイギリス産牛肉とその関連製品の全面禁輸を決めた。

イギリス政府の発表を受けて、日本でも厚生省（当時）に緊急研究班が組織され、プリオン病の調査が全国で行われた。その結果、変異型ヤコブ病患者は存在しないが、ドイツ製の乾燥脳硬膜を移植する脳外科手術で感染した従来型のヤコブ病患者が四三名もいることが判明した。

乾燥脳硬膜は、人の死体から採取した脳硬膜を加工して製品化したもので、ドナーのなかにヤコブ病の死亡者が混じっていたと考えられる。プリオンは、ウイルスや細菌には有効なアルコールやホルマリン殺菌では不活化されず、通常の五〇〇倍の確率で日本にヤコブ病を発生させていた。

農水省は口蹄疫の流入を防ぐため、ハム・ソーセージや缶詰などの加工品を除き、一九五一年から原則的にイギリス産牛肉の輸入を禁じていたが、食用とはまったく異なる医療現場で、異常プリオンは悲惨な薬害事件を引き起こしていたのである。薬害ヤコブ病は、角膜移植や成長ホルモン接種でも起こっており、クールー病が人肉食で感染することを証明した前述のガジュセックは、「ハイテクノロジーによる共食い」と呼んでいる。

牛に共食いを強いたために生まれた狂牛病という災厄は、ヨーロッパの人々に、長い歴史のある肉食文化への懐疑を植えつけた。人類学者レヴィ＝ストロースはエッセイ「狂牛病の教訓――人類が抱える肉食という病理」（『われらみな食人種《カニバル》――レヴィ＝ストロース随想集』に新訳で所収、創元社、二〇一九）で、「草食動物たちに過度の動物性を付与する（かれらを肉食動物にするだけでなく共食い動物《カニバル》に変えてしまう）ことによって、われわれはたしかに意図してではなかったにせよ、われわれの『食料生産装置』を、死をつくりだす装置に変えてしまった」とし、「牧畜は、採算に合わなくなって完全に姿を消してしまうだろう」と予言している。たしかに、欧米には狂牛病がきっかけで、ベジタリアンやヴィーガンに転向した人が少なくない。

「日本の牛は絶対に大丈夫」という根拠なき自信

食のグローバリゼーションで顕著になった現象のひとつは、家畜伝染病もグローバル化したことだ。昔は被害を狭い範囲に留められたが、現代の家畜は生まれてから精肉になるまでのあいだに、国境を越えたさまざまな危険因子に遭遇し、いったん発生すると、そのリスクは広い範囲に拡散する。

日本で最初に発生した年の春には、狂牛病はとっくにイギリスを飛び出して、アイルランド、フランス、ベルギー、デンマーク、オランダ、リヒテンシュタイン、ルクセンブルク、イタリア、スイス、ドイツ、ポルトガル、スペインなどでも確認されていた。

それでも農水省は、狂牛病が日本で発生する可能性はないと豪語してきた。イギリス政府が狂牛病の牛から人への感染を認めた一九九六年三月以降、牛をはじめとする反芻動物の家畜に肉骨粉を食べさせないよう、行政指導をしてきたのが、自信たっぷりの根拠だった。しかし、二〇〇一年一月までは豚、鶏などの飼料用として感染国からの肉骨粉輸入が続いていたことから考えても、危機感は信じがたいほど低かった。牛の異常プリオンが、反芻動物以外の家畜や家禽にうつらないことは、いまだに証明されていないのである。

九六年当時、畜産局長だったのが、二〇一九年六月に長男を殺害した元農水事務次官の熊沢英昭。一貫して「日本での感染はありえない」と主張し、WHO（世界保健機関）から肉骨粉を禁止するよう勧告を受けながら、禁止ではなく行政指導にとどめた。そのうえ輸入禁止対象をイギリスのみに限定し、ヨーロッパ諸国からの輸入は続けた。事務次官に就任していた〇一年六月、ＥＵが世界各国のＢＳＥ侵入リスク評価を行い、アジアでもっとも危険度の高い国として日本を挙げたときには、未発生国の日本に対して発生国並みの基準で調査が行われ、「濡れ衣を着せられたようなもの」と不満を表明し、評価を拒絶。消費者の安全を軽視して適切な対応を怠り、事態を放置した責任は重い。

国内発生後、熊沢は引責辞任をしたが、退職金は満額の八八七四万円を受け取り、三〇以上の食肉業界団体が加盟する日本食肉協議会に天下りしたことが、世間の猛反発を招いた。マスコミに嗅ぎつけられて天下りは辞退したが、その後チェコ特命全権大使、農協共済総合研究所理事長を歴任した。長男殺害に関しては同情の声も多かったが、一連の対応には都合の悪いことは見ないようにすることなかれ主義を感じてならない。日本には「転ばぬ先の杖」という素晴らしい言葉があるのに、お粗末な対策で安心安全を決め込んでいた役人たち。この構図は、福島第一原発事故でも繰り返された。

なお、日本には八六年以降、イギリスから肉骨粉を輸入した記録はないが、イギリスの税関には狂牛病が猛威を振るっていた九〇年から九三年、日本に輸出した記録があるという。この真偽も究明されておらず、謎のままだ。

二転三転した国内発生第一号

アメリカの同時多発テロ事件の第一報が日本に入ったのは、二〇〇一年九月一一日の午後一〇時前後。その日の朝刊各紙のトップ記事は、「狂牛病日本上陸か⁉」だった。農水省が前日、千葉県で発生した疑いがあると発表したのである。

いきさつは、こうだった。八月はじめ、千葉県白井市の酪農家が飼育していたホルスタイン種の乳牛一頭が立てなくなった。牛舎で死なれると、産業廃棄物として有料で引き取ってもらわなくてはならない。生きているうちに食肉として処理しようと、八月六日に千葉県内の食肉処理場へ運んだ。

牛は、処理する前に死亡したらしい。起立不能などの症状が狂牛病に似ていたが、立ち会っていた獣医による検査では、ひとまず食肉にしても大丈夫と判断された。だが、解体後の詳しい検査で敗血症と診断され、肉と内臓すべて廃棄処分となった。

食肉処理場は農水省のガイドラインに従い、牛の延髄（脳の一部）を採取し、茨城県つくば市の動物衛生研究所に送り、プリオニクステスト（スイスのプリオニクス社が開発したB

SE検査法）を行ったところ、最初は陰性だった。これが一五日。規定どおり、二四日に千葉県の家畜保健衛生所がホルマリン漬けで保存してあった脳の顕微鏡検査を行うと、空胞が見つかった。念のため、動物衛生研究所に脳の断片を送ったのが九月六日。より精密な生化学検査で空胞が確認され、さらに免疫組織化学的検査で異常プリオンたんぱくの存在が陽性と出た。

動物衛生研究所が農水省に陽性を報告したのが、九月一〇日。ここまで一か月以上もかかっている。ところが、農水省は問題の牛を「疑似患畜」として、イギリスの獣医研究所に検査を依頼。結論は引き延ばされた状態で、感染の可能性が高いことだけが公表されたのである。本来ならば、空胞が発見された時点で情報公開すべきだったが、動きはことごとく鈍かった。

当初、世の中は同時多発テロ一色で、狂牛病は陰に隠れていたが、数日後に事態が一変した。

肉骨粉になっていた感染牛

農水省畜産部長は当初、問題の牛は焼却処分したと発表したが、九月一四日深夜、BSE対策本部長の遠藤武彦農水副大臣が緊急記者会見を開き、解体した食肉処理場から業者が引き取り、茨城県内の工場で他の牛に混じって肉骨粉に加工されていたことを明らかにした。

このとき製造された肉骨粉は計一四五トン。茨城県と徳島県で保管され、出荷寸前だった。狂牛病発生の危機が訪れたと同時に、感染メカニズムの中核である病原体入り肉骨粉が製造されていたのは、驚愕の事実である。もし出荷されていたらと思うと、ぞっとする。問題の肉骨粉を購入した徳島県の会社から千葉県に問い合わせがあり、千葉県がファクスで農水省に報告したのは一二日だったが、なぜか担当職員が放置したらしく、武部勤農水大臣に伝えられたのは、やっと一四日の夕方。あきれるずさんさだ。

追い打ちをかけたのは、NHKスペシャルの「狂牛病　なぜ感染は拡大したか」だった。ヨーロッパ取材を中心に以前から準備されていた番組だったが、急遽内容を一部変更して一六日に放映。牛が肉骨粉で感染するのと同じように、人が牛から感染すること、プリオンの感染力は熱や放射線照射では失われないこと、汚染された肉骨粉が日本で利用された可能性などを伝えた。とくに、変異型ヤコブ病を発病した二一歳のイギリス人女性が死亡するまでの悲惨な映像は、強烈なインパクトだった。

イギリスでは、すでに変異型ヤコブ病の犠牲者が一〇〇人を超えていた。致死率一〇〇パーセントの奇病が、すわ日本上陸の一大事である。同時多発テロに負けず劣らず、連日大きく報道されるようになった。テレビでは歩行困難な牛の映像が繰り返し流され、恐怖心を煽った。全国各地のスーパーに「当店の牛肉は安全です」と書いた貼り紙が掲げられたり、牛肉を扱う外食産業の株価が軒並み下がりはじめたりと、パニックになった。

ついに対岸の火事ではなくなった瞬間

日本の役所は、ことが起こって、いざ行動をはじめると早い。ことなかれ主義だった農水省ならびに厚労省は、さすがに素早く動いた。というか、早すぎるほどだった。

九月二一日深夜、農水省は緊急記者会見で、イギリスの獣医研究所の検査結果が「クロ」だったことを発表した。狂牛病が、ついに対岸の火事ではなくなった瞬間だ。ヨーロッパ以外では、初の発生だった。

狂牛病は、肉骨粉を食べなければ絶対かからない。第一号牛は、一九九六年三月に北海道佐呂間町で生まれ、九八年四月に千葉県白井市に買われて来た。北海道では、ホクレン農業協同組合連合会の飼料を、千葉では全国酪農業協同組合連合会の飼料を与えられ、どちらの農協も肉骨粉はいっさい使っていなかった。しかし、発病したからには、病原体入りの肉骨粉が確実に存在し、どこかで口に入ったはずなのである。

製造工場で混入したり、酪農家が鶏や豚用の肉骨粉を間違って与えた可能性も考えられたが、潜伏期間は二年から八年と長いため、感染源の特定は非常に難しい。ミステリーが多い狂牛病唯一の防御法は、肉骨粉を作らない、与えない、これしかないのである。

一〇月に入ると、すべての国からの肉骨粉輸入および国内産肉骨粉の製造・販売が一時停止され、さらに肉骨粉を含む家畜用飼料の製造・販売および家畜への給与が法的に禁止された。ＥＵ並みの感染防止措置だったが、全面禁止には肉骨粉業界が強く反発し、その後、豚と鶏から作る肉骨粉は、豚、鶏、魚に使用できるようになった。

また、国際獣疫事務局（ＯＩＥ）が、プリオンが集中して蓄積する特定危険部位を脳、脊髄、眼、腸に定めている指針に準じ、厚労省は舌と頬肉以外の頭部、脊髄、扁桃、回腸遠位部（小腸のうち最後の一メートル）の除去・焼却を義務づけた。

笑うのは、早くも一〇月二日、飼育農家と牛肉販売業者を励まし、牛肉の安全性を消費者にアピールするという名目で、憲政記念館大食堂に与党議員約二〇〇名が集まって「牛肉を大いに食べる会」なるものが開催されたことだ。特定危険部位以外は安全とばかりに、牛乳で乾杯し、武部勤農水大臣と坂口力厚労大臣が肩を並べて和牛ステーキをパクついてみせた。まだ感染源もまったく解明できていないのに、脳天気すぎると、顰蹙を買ったのはいうまでもない。

「全頭検査」と異様に早かった安全宣言

一〇月一八日から、全国の食肉処理場で、すべての年齢の牛全頭に対する検査がスタートした。三〇か月齢以上の牛で検査を行っていたEU（ただしドイツとフランスは二四か月齢以上）より、厳しい対策だった。

牛は生後一年以内にBSEに感染し、長い潜伏期間を経て、平均六〇か月齢で発病して特有の症状が出る。病原体が検出できるのは、発病の六か月前からだ。BSE発病率の九九・九五パーセントは三〇か月齢以上であることが、ヨーロッパで確認されている。それより若い牛を検査しても、かりに感染していても陽性が出る可能性は低く、科学的にあまり意味がないとされる。

しかし、全頭を検査しなければ、スーパーや精肉店には検査した牛肉としない牛肉が一緒に並ぶことになる。不安と不信を募らせた消費者は、それではとうてい納得するはずはない。パニックを鎮めるには、全頭検査やむなしという政治的判断だった。当時は牛の月齢管理が完全ではなく、三〇か月齢を正確に特定できないという事情もあった。

で、その一〇月一八日朝、農水大臣と厚労大臣がそろって記者会見し、「ＥＵに勝る世界でいちばん高い水準というべき検査体制が確立し、今後はＢＳＥに感染していないことが証明された安全な牛以外は食肉処理場から食用として出回ることはないので、国民の皆さまにも、ぜひ理解いただき、安心して食肉等をお召し上がりいただきたい」と、安全宣言をした。

陽性確定から一か月も経たないうちに、全頭検査をはじめただけで、いくらなんでも安全宣言はないだろう。第一号牛の判定が二転三転した不手際から、短期間の研修で養成された検査員が、はたして万全な検査を行えるのかも不安の材料だった。しかも同じ日、週刊誌に変異型ヤコブ病の疑いのある一八歳女性のスクープ記事が載った。絶対ないと豪語された国内発生が現実になり、感染牛が肉骨粉になっていたのがわかった時点で、政府への信頼は完全に失われ、安全といわれるとかえって危険に感じるほど、世論は疑り深くなっていた。

後手と拙速で国民を混乱させた政府は、これほど大きな不安を呼び起こした原因のひとつは報道にあると、報道機関各社に名称を狂牛病からBSEに改めること、歩行困難になった牛の映像の放映を止めることを申し入れたらしい。その結果、二〇〇二年に入ると呼び名はほとんどBSEに変わった。

立て続けに起こった牛肉偽装事件

BSEは、食肉産業と外食産業に大きな打撃を与えた。

変異型ヤコブ病が疑われた女性患者に関しては、厚労省の専門家委員会が「可能性は薄い」との結論を出したが、一一月に二頭目、一二月に三頭目が相次いで見つかり、国民の不安はますます募った。

消費者の牛肉離れは激しかった。全国小中学校の学校給食で牛肉の使用が自粛され、スーパーでの売上は半減。卸売価格は、発生前の三分の一に暴落した。

外食でいちばん損害を被ったのはO157と同じ、またしても焼肉店だった。全国焼肉協会の調査で、一〇月上旬すでに加盟店約一〇〇〇軒のうち七〇パーセントの店が前年同期と比較して五〇パーセント以上も売上が低下していた。帝国データバンクの調査によると、全頭検査の効果もむなしく二〇〇一年一〇月から翌年六月までの九か月間で、BSE関連倒産は六四軒、うち食肉販売と焼肉店で全体の七五パーセントを占めた。

BSEは犯罪事件の温床にもなった。農水省は消費者の不安を軽減するため、全頭検査以前に処理された牛肉を全国農業協同組合連合会など六団体が買い上げ、冷凍保管して市場に出回らないようにする「牛肉在庫緊急保管対策事業」を一〇月二六日から実施した。買い上げと焼却に必要な経費約三〇〇億円は、国が負担する。集められた牛肉は全国で約一万二六〇〇トン、買い上げ価格は一キロが七〇〇円から一八〇〇円と高額だった。この事業を悪用した牛肉産地偽装事件と補助金詐欺事件が、立て続けに起こったのである。

最初に発覚したのが、雪印牛肉偽装事件だ。雪印食品がオーストラリア産牛肉を国産牛肉と偽って買い上げ申請し、約九〇〇万円の補助金を受け取っていた。不正に加担した保管業者の内部告発で二〇〇二年一月、偽装が明るみに出た。その二年前に親会社の雪印乳業が起こした集団食中毒事件で損なわれた雪印食品のブランドイメージは、この事件で回復不能なまで粉々になり、三か月後に解散に追い込まれた。

二月、香川県の精肉加工業者、カワイが米国産牛肉を「讃岐牛」などの国産牛肉に偽装していたことが発覚。六月に、九州大手の食肉加工販売会社、日本食品が買い上げの対象ではないペットフード用のアキレス腱を牛肉と偽って申請し、一億三六〇〇万円を不正に受給していたことが発覚した。

八月には、食肉業界最大手の日本ハムが、二月に買い上げ申請して冷凍保管されていた、実は輸入だった牛肉一・三トンを、偽装発覚を恐れて取り戻し、焼却して証拠隠滅していたことを公表した。買い上げた肉を農水省に無断で返却した日本ハム・ソーセージ工業協同組合の理事長は、実は日本ハム会長だったという、業界ぐるみの事件だった。また、〇一年から〇二年にかけて、食肉卸大手のハンナンが買い上げ対象外の牛肉を混入させ、約五〇億円を詐取、不正受給した罪で、「食肉業界のドン」と呼ばれた浅田元会長が〇四年に逮捕された。事業を悪用した最大規模の事件だった。

食の安全を守る新しい法律

牛肉だけでなく、豚肉と鶏肉でも産地偽装が次々と発覚し、大きな社会問題になった。ＢＳＥをめぐる数々の不祥事は、国産食品安全神話を崩壊しただけでなく、日本人の心にあらゆる食品に対する行き場のない不安を植えつけたと思う。

一九〇五年に書かれ、食肉業界の非衛生極まりない内情を告発したアプトン・シンクレアの『ジャングル』は、アメリカで食肉検査法の制定と食品医薬品局（ＦＤＡ）発足のきっかけになった。同様に、ＢＳＥは日本政府に食品安全確保の見直しと、システム構築の必要を促した。新しい法律の制定と組織の新設が決まったのが、二〇〇二年六月。翌年、国民の健康の保護を基本理念とする食品安全基本法が施行され、七月に食品安全委員会が設置された。

『ジャングル』アプトン・シンクレア、松柏社、2009年

食品安全委員会は、厚労省、農水省、環境省、消費者庁から切り離し、内閣府に置かれたのが特徴だ。リスク管理を行う行政機関から独立し、科学的エビデンスにもとづいて安全性を客観的かつ公正中立に、リスク評価をする機関である。七名の専門家の委員で構成され、その下にはプ

リオン、添加物、農薬など一二の専門調査会があり、二五〇名以上の研究者がそれぞれ専門分野のリスク評価を行っている。これ以降、食品の健康リスク評価は委員会が一手に引き受け、政治家や官僚がなにかいうより、はるかに信頼性の高い情報が得られるようになった。食品安全にリスクコミュニケーションの手法が導入されたのは、ＢＳＥのもたらした数少ないプラス面である。

復活した国産食品安全神話

二〇〇二年五月に四頭目、八月に五頭目と、ＢＳＥ発生は続いたが、全頭検査の効果か、たんに忘れっぽいだけなのか、春からパニックは少しずつ収まり、発生前の一キロ一一三〇円から三五一円まで下落していた牛肉の卸売価格は、九月にはじめて一〇〇〇円台に戻った。

翌〇三年には、前述の食品安全基本法が制定され、食品安全委員会の活動がはじまった。衝撃だったのは、一〇月に二三か月齢、一一月に二一か月齢の牛に陽性が見つかったことだ。定説の三〇か月齢よりはるかに若い牛にＢＳＥを発見できたことで、科学的には意味がないと批判されることも多かった全頭検査が、「やっぱり正しかった」と再評価されることになった。

一二月には、「牛の個体識別のための情報の管理及び伝達に関する特別措置法（牛トレーサビリティ法）」が施行された。国内で飼養されるすべての牛に、一〇桁の個体識別番号が入った耳標が装着され、その牛の性別や種別、出生からと畜までの飼養地などがデータベースに記録される。肉になって加工、流通する各段階でも個体識別番号の表示が義務づけられ、消費者はインターネットで検索すれば、個体識別番号から購入した牛肉の生産履歴を調べられるようになった。

国内発生で、国産食品安全神話は崩壊したはずだった。ところが、アメリカでBSEが発生するとがらりと風向きが変わった。

〇三年一二月二三日、ワシントン州でBSE感染が疑われる牛一頭が確認された。記者会見で、農務長官のアン・ベネマンは「肉を食べる食習慣を変える理由はありません。私はクリスマスディナーには牛肉を用意しようと思います」と、例によってみずから食べると表明することで安全性を強調したが、日本政府は翌日午前、すべてのアメリカ産牛肉の輸入一時停止を決めた。

日本で流通する牛肉の約三割は、アメリカ産。アメリカにとっても日本は輸出相手国の第一位、最大のお得意様である。だが、日本が輸入再開の条件にした全頭検査は「科学的根拠に欠ける」、すべての牛からの特定危険部位除去は、腸以外は三〇か月齢以上に限定と、両方とも突っぱねられた。

当時、アメリカには個体識別制度がなく、牛の年齢もろくに記録されず、三〇か月齢以上で歩行困難な牛と健康な牛の一部しかBSE検査をしていなかった。出生日の記録がなくても、三〇か月齢の頃に牛は歯型が変わり、外見から判別できるのだそうだ。

日本側が全頭検査を、アメリカ側が三〇か月齢を譲り、「二〇か月齢以下、特定危険部位の除去」を条件に、〇五年一二月に輸入が再開したが、早くも翌〇六年一月二〇日、成田空港の検疫で除去が義務づけられた特定危険部位の脊柱を含む肉が見つかり、またもやただちに輸入全面禁止措置がとられた。

一連の騒動で明らかになったアメリカのBSE対策の甘さ、検査体制のお粗末さは、日本人の自信を回復させることになった。アメリカ産牛肉への不安が高まると、逆に日本の安全管理への信頼感が高まり、国産食品安全神話がじわじわと復活していったのである。

気になるのは、日本で最初に発生したとき、国産牛の流通を禁止しなかったのに、アメリカ産牛肉は即刻、全面輸入禁止にした、この違いである。人への感染例がある高病原性鳥インフルエンザが海外で発生した場合も、鶏肉など家禽類の輸入一時停止措置がとられるのに、アメリカのBSE発生にときを同じくして〇四年一月、山口県で七九年ぶりに発生したとき、国産鶏肉の流通には手がつけられなかった。

政府の対応は、いつも国内には甘い。消費者の意識も、科学的な裏付けもないのに国産食品なら安心と、安易な方向に流れてしまった。

そんなに牛丼が好きだったの、日本人⁉

アメリカのBSEに関するメディアの報道は、最初から緊張感に欠けていた気がする。ことにテレビと雑誌は、外食産業に与える影響ばかり追い、なかでも吉野家に注目が集まった。「アメリカの牛肉は危険」と騒ぎたてながら、牛丼がいつまで食べられるか、吉野屋の存続や牛肉の在庫を心配するニュースや記事であふれたのである。

私もそうだったが、このときに吉野家の牛丼について詳しくなった人は多かったのではないだろうか。材料の牛肉は九九パーセント以上アメリカ産に依存し、牛一頭で一〇キロ程度取れるショートプレートという脂身の多いバラ肉を使わないと、あの味が出ないらしい。オーストラリア産やニュージーランド産では、コストは上がり味が落ちるという理由で、在庫が切れた時点で販売中止、輸入停止期間は代替メニューでしのぐことが早々に決まった。

輸入が止まってから二か月経たない二〇〇四年二月一一日に販売中止になったが、この間、吉野家牛丼を惜しむメディアの過熱ぶりは、バカバカしいの一言。最後の日はテレビ中継されたほどだ。

国内で発生したとき未検査牛に向けた疑いの目を、なぜジャーナリストは在庫のアメリカ産牛肉に対して向けなかったのか。アメリカの検査体制とトレーサビリティのゆるさに不安の声が上がっていたのだから、危険と騒ぐなら、外食と小売の業者は在庫をすべて廃棄すべきと主張するのが筋だろう。それなのに、在庫の消費を促進するような報道で染まり、おかげで煽られて生まれてはじめて牛丼を試してみた女性も多かった。

販売中止の一年後、買い集めた在庫で一日だけ牛丼が復活したときの客の喜びの声も、輸入再開後に特定危険部位が発見された日の嘆きも、センセーショナルに報じられた。ジャーナリストは男性中心で、もっとも身近な食事といえば「うまい、はやい、やすい」牛丼。彼らの牛丼愛がそうさせたとしても、安全確保に関する科学的な情報が少なかったのは残念だ。ともかく、みんなそんなに牛丼が好きだったのと、驚きあきれた。

しかし、日本人は、食へのあくなき探求心の持ち主である。牛肉がダメとなると、今度は豚肉と鶏肉に目が向けられた。最初にやって来たのはスペイン産イベリコ豚の大ブームだった。次に国産豚のブランド化が進み、続けて地鶏のブランド化もはじまった。以前は高級レストランのメインディッシュに使われることは少なかった豚肉と鶏肉が、国産食品安全神話の復活にも後押しされて、牛肉に負けないご馳走食材に昇格した。

忘れ去られた狂牛病パニック

日本でのBSEは計三六頭、二〇〇九年を最後に発生していない。変異型ヤコブ病患者は、イギリスで感染したと推測される一名だけだった。一三年五月、国際獣疫事務局は日本を「無視できるBSEリスクの国」に認定し、現在は二四か月齢以上で神経症状が疑われる牛と、全身症状を呈している牛だけを検査している。日本産牛肉の輸入を停止していた国も、一三年以降、輸入解禁と再開が広がっている。一九年一二月には中国が解禁し、和牛の市場拡大の好機と、政府は生産増大計画を打ち出している。一三年からは、空前と呼ばれる肉ブームがはじまり、とりわけ牛の赤身肉と熟成肉が人気を集めた。

世界でも、一七年はイギリスを除くEUで六頭とアメリカで一頭、一八年はイギリスとアメリカで各一頭、一九年はイギリスを除くEUで三頭、ブラジルで一頭の発生だけで、ほぼ収束状態だといわれている。食品安全委員会プリオン専門調査会が、月齢制限を廃止しても人へのリスクは無視できる程度と評価したことを受け、一九年五月、条件が三〇か月齢以下だったアメリカ産牛肉の輸入規制撤廃が決まった。

収束したとはいえ、完全に消滅したわけではないのに、トランプ政権の圧力に屈したという論調はあっても、安全性を懸念する報道はほぼなかった。日米が対立した全頭検査の妥当性を含め、検証されていないことは多いが、BSEはもはや人々の記憶から忘れ去られてしまっている。

BSEは、畜産の工業化と効率化が生んだ人災だった。現在、流行中の豚熱（豚コレラから名称変更）ではワクチン接種が決まるまで時間がかかったため、感染が広がってしまった。ワクチンを接種すると、国際獣疫事務局による豚熱の「清浄国」から「非清浄国」に格下げされて輸出入に悪影響が出ることと、国内での風評被害が広がることを農水省が懸念し、決定が遅れたといわれる。

いつまた得体の知れない感染症が現れて食の危機に襲われるかわからない。そのときどう対処すべきか、国はどう動くかをチェックするためにも、喉元過ぎても熱さ忘れずで、日本を恐怖のどん底に陥れた狂牛病パニックのことを忘れてはいけないと思う。

第12章　ああ、食料自給率

アメリカのＢＳＥ発生で輸入がストップし、手頃な値段の牛肉が不足した経験は、あらためて日本がいかに輸入食料に頼って暮らしているかを再認識させた。市場に出回っている牛肉の約六割が輸入、その約半分をアメリカに依存していたために価格が高騰し、その影響で豚肉まで値上がりした。総合食料自給率は四〇パーセントだったが、穀物にかぎっていえば三〇パーセントを割り、小麦の自給率は二〇〇四年で一四パーセント、大豆はたったの三パーセント、トウモロコシにいたってはゼロである。

偽りのメイド・イン・ジャパン

日本は世界一のトウモロコシ輸入国で、約九割をアメリカから輸入している。六五パーセントが家畜の飼料用に使われ、二〇パーセントがでんぷんのコーンスターチ用、残りはエチルアルコールや蒸留酒などの発酵原料、コーンフレークやスナック菓子などに利用される。食用油として広く市販されているコーン油は、コーンスターチを製造するときに分離する胚芽部が原料。ただし、生鮮野菜のスイートコーンは、ほぼ全量が国産だ。

輸入大豆の最大の用途は採油用で、サラダ油や天ぷら油、マーガリン、マヨネーズに利用され、搾り粕は家畜の飼料になる。あとは、豆腐、納豆、味噌、醤油、豆乳などの食品用。なお、油と醤油は、加工段階で遺伝子やたんぱく質が分解・除去され、検査しても判別できないため、遺伝子組み換えの表示義務がない。

純和風に見えても、天ぷらは衣も揚げ油もつゆの醤油も、原料は大半がアメリカ産。納豆をおかずに、豆腐の味噌汁で白いご飯を食べても、純国産は米だけだ。アメリカのＢＳＥで信頼を回復した国産牛だって、アメリカのトウモロコシなしでは飼育できない。採卵用の鶏の飼料自給率は一〇パーセント以下だから、すき焼きも材料で本当に国産といえるのは生野菜とコンニャクくらいで、カロリーベースで自給率を計算すると、お粗末な数字が弾き出される。いちばんメイド・イン・ジャパン風に思える食品や調味料が、軒並みメイド・ノット・イン・ジャパンになった。これ以上はない大がかりな食品偽装だといえる。

いも類が主役の純正メイド・イン・ジャパン・メニュー

二〇〇五年、輸入が完全に停止するという事態を想定し、農水省が国内農業生産だけで一日二〇二〇キロカロリーを供給できる献立例を作成した（二〇三頁参照）。

朝食　ごはん一杯（米七五グラム）、蒸かしいも二個（三〇〇グラム）、ぬか漬け一皿（九〇グラム）

昼食　焼きいも二本（二〇〇グラム）、蒸かしいも一個（一五〇グラム）、りんご四分の一個（五〇グラム）

夕食　ごはん一杯、焼きいも一本（一〇〇グラム）、焼き魚一切れ（八四グラム）

味噌汁は二日に一杯、牛乳は六日にコップ一杯しか飲めず、鶏卵は一週間に一個、肉は九日に一回しか食べられない。国民が一日に最低限度必要とする熱量を二〇〇〇キロカロリーと定めた「不測時の食料安全保障マニュアル」に基づく献立だが、ほとんど戦中・戦後の代用食のよう。カロリーが摂れても、すぐ栄養失調になりそうだ。

自給率向上を訴えるために発表しただけあって、地に落ちたメイド・イン・ジャパン食の実態を、政府みずから宣伝した格好。食料を外国に頼っている不安を、さらにダメ押しする恫喝的な粗食だが、これを見て身につまされた人は多かった。

食料自給率は、国民ひとり一日あたりの国産供給カロリーを全供給カロリーで割って算出するが、分母になる全供給カロリーには、食品ロスなども含まれている。食料需給表によると二〇一〇年の全供給カロリーは二四五八キロカロリーだったのに対し、国民健康・栄養調査を見てみると、摂取したのは一八四九キロカロリー。摂取カロリーで計算すれば、実際はもっと国産品を食べていることになるが、そんなに輸入しているのに、それほど捨てているのは、あまりにもったいない。

なお、一日あたり平均摂取カロリーは、一九七〇年の二二一〇キロカロリーから、一九九〇年は二〇二六キロカロリー、二〇一〇年代はついに一八〇〇キロカロリー台と、着実に低下している。たんぱく質の摂取量も、一九九〇年の七八・七グラムから二〇一〇年は六七・三グラムに減っている。生活の変化と健康志向で、日本人の食事は小食化・低栄養化しているようだ。とくに気になるのは二〇代と三〇代の女性で、いま一七〇〇キロカロ

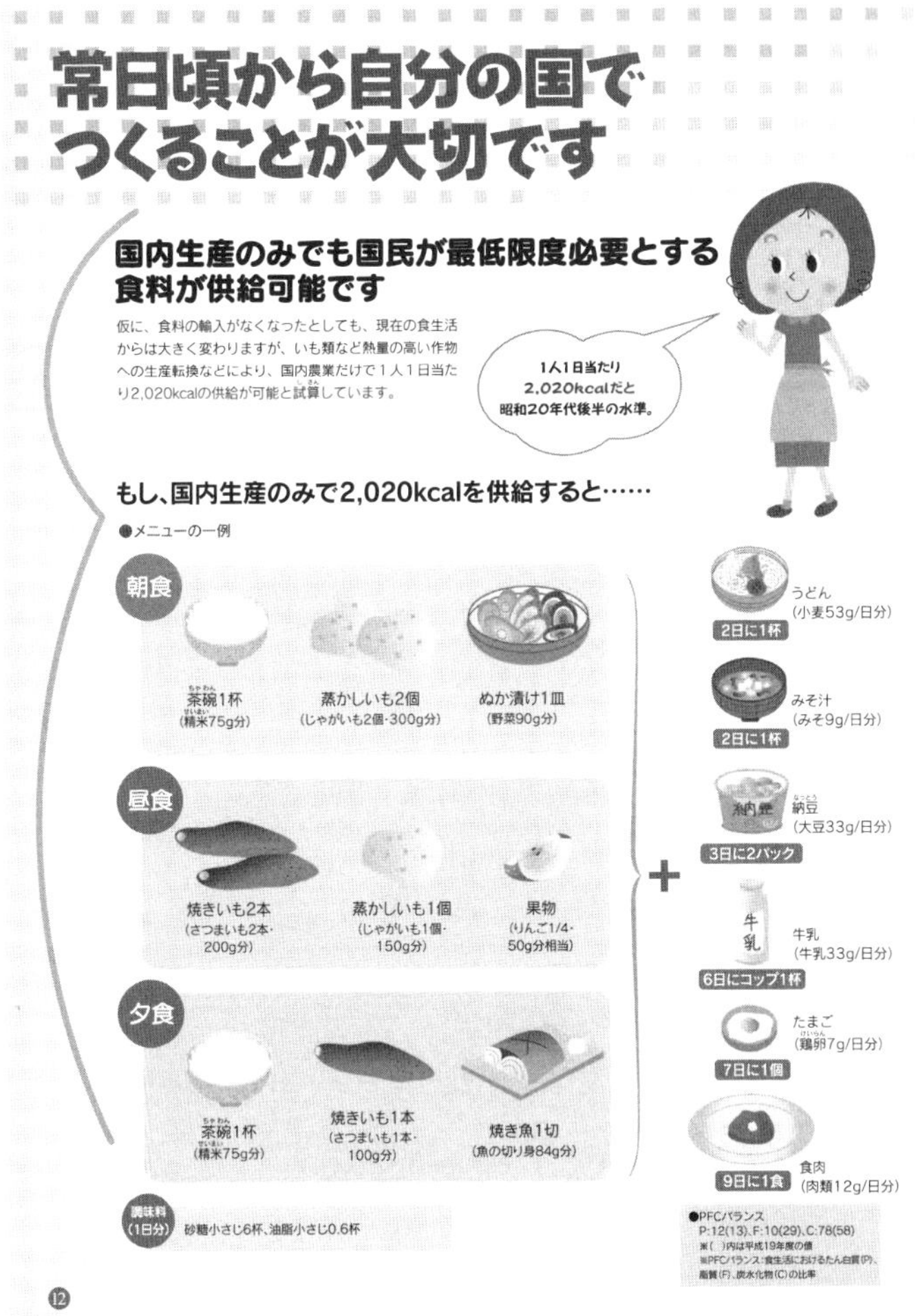
常日頃から自分の国でつくることが大切です
国内生産のみでも国民が最低限度必要とする食料が供給可能です
仮に、食料の輸入がなくなったとしても、現在の食生活からは大きく変わりますが、いも類など熱量の高い作物への生産転換などにより、国内農業だけで1人1日当たり2,020kcalの供給が可能と試算《しさん》しています。
1人1日当たり 2,020kcalだと 昭和20年代後半の水準。
もし、国内生産のみで2,020kcalを供給すると……
●メニューの一例
朝食
茶碗《ちゃわん》1杯 (精米《せいまい》75g分)
蒸かしいも2個 (じゃがいも2個・300g分)
ぬか漬け1皿 (野菜90g分)
昼食
焼きいも2本 (さつまいも2本・200g分)
蒸かしいも1個 (じゃがいも1個・150g分)
果物 (りんご1/4・50g分相当)
夕食
茶碗《ちゃわん》1杯 (精米《せいまい》75g分)
焼きいも1本 (さつまいも1本・100g分)
焼き魚1切 (魚の切り身84g分)
調味料 (1日分) 砂糖小さじ6杯、油脂小さじ0.6杯
+
うどん (小麦53g/日分) 2日に1杯
みそ汁 (みそ9g/日分) 2日に1杯
納豆《なっとう》 (大豆33g/日分) 3日に2パック
牛乳 (牛乳33g/日分) 6日にコップ1杯
たまご (鶏卵《けいらん》7g/日分) 7日に1個
食肉 (肉類12g/日分) 9日に1食
●PFCバランス
P:12(13)、F:10(29)、C:78(58)
※( )内は平成19年度の値
※PFCバランス:食生活におけるたん白質(P)、脂質(F)、炭水化物(C)の比率
⑫

輸入停止時の2020キロカロリーメニュー（農水省ホームページより）

リー前後しか食べていない。ダイエット志向が理由だろうが、かなり危険な数字である。

世界でいちばん地球にやさしくない国

一九九三年の大凶作以来、二〇〇六年度の食料自給率が一三年ぶりに四〇パーセントを割り込み、三九パーセントを記録した。たった一パーセント下がっただけだが、食の事件が相次ぐ渦中だったこともあり、メディアは大騒ぎした。食料輸入がいかに地球環境に負荷をかけているかを数値化した「フード・マイレージ」が盛んに取り上げられるようになったのは、この頃だ。

フード・マイレージとは、食料を運んだ距離のこと。イギリスの市民運動家が提唱した「フードマイルズ」を参考に、農水省農林水産政策研究所・中田哲也政策研究調査官が開発した指標である。計算法はかんたんで、食品の重量と輸送距離を掛け合わせるだけ。フード・マイレージが小さいほど、輸送に伴うCO_2排出量が少なくなり、環境にやさしい食生活とされる。

中田哲也著『フード・マイレージ——あなたの食が地球を変える』（日本評論社、二〇〇七）によると、日本のフード・マイレージは二位以下に大差をつけた世界第一位。韓国とアメリカの約三倍、イギリスとドイツの約五倍、フランスの約九倍である。

食料輸入量が世界一で、重量のある穀物と油糧種子が七割以上を占め、しかも遠いアメリカやカナダ、オーストラリアから運んでいるのだから、当然といえば当然だが、実はフード・マイレージには落とし穴がある。同じ距離を運ぶのでも、輸送手段によってCO_2の排出量は大きく変わるため、一概に輸入先が遠いほど環境負荷が大きくなるとは限らないのである。

排出量は飛行機が突出して多く、トラックなどの自動車がその次、鉄道や船舶は少ない。とくに、穀物や大豆を運ぶバルカー（ばら積み貨物船）は燃費が抜群。排出量は、飛行機の約〇・七パーセント、トラックの約六パーセントですむ。たとえば、アメリカ中西部で収穫されたトウモロコシを、ミシシッピ川を貨物用輸送船でニューオリンズまで運んでからバルカーで日本に輸送した場合と、北海道の産地から朝穫ったアスパラガスを猛スピードで東京や大阪の消費地にトラックで運んだ場合を比較してみると、CO_2排出量には差がなかったりする。

ほかにも、生産や加工、消費、廃棄といった各プロセスでも排出されるので、移動距離だけに着目してCO_2を問題にするフード・マイレージは、科学的な根拠に欠けるきらいがある。それでも、世界でいちばんフード・マイレージの高い、環境にやさしくない国と聞くと、やましい気持ちになる。

穀物価格高騰で食料品の値上げラッシュ

二〇〇〇年から、小麦、大豆、トウモロコシの国際価格が上がりはじめた。世界的な人口増加と、人口大国の中国、インドの食生活が豊かになって肉を食べるようになり、畜産用の飼料穀物需要が急増したことなどが要因だ。そこにオーストラリアの大旱魃《かんばつ》やヨーロッパの天候不順、サブプライムローン問題に端を発する原油価格の上昇、アメリカのトウモロコシからのバイオエタノール増産が重なって、〇八年には世界中で記録的な高値をつけた。

日本では四月、小麦の卸売価格がいきなり約三割値上がりした。二年前と比較すると、小麦は約三倍、大豆とトウモロコシは約二倍の高騰だ。それにともない、食料品の値上げラッシュが襲ってきた。

食パン、麺類、乳製品、鶏卵、味噌、醤油、マヨネーズ、食用油、マーガリン、菓子類……、身近な食料品が軒並み高くなったのは、家計に痛かった。カップヌードルは一五〇円から一七〇円に、チキンラーメンは九〇円から一〇〇円に、一七年ぶりの値上げだったのでニュースになった。菓子類は値段を据え置き、中身が減らされた。以来、スナック菓子もチョコレート菓子も、年を追うごとに袋の中身が軽くなっている。

店頭から姿を消したバター

バターにいたっては、値上げだけでなく、全国各地の店頭から姿を消すという異常事態が起こった。農水省の計画生産が裏目に出た結果だ。というのは、一九九〇年以降、牛乳の一人当たりの消費量が落ち続けた結果、バターの在庫が増えたため、二〇〇六年と〇七年の二年連続で生乳を減産した。ところが、想定外の飼料価格高騰である。酪農家が牛に与える餌を減らし、さらに〇七年は猛暑で牛が体調を崩したため、乳量が計画以上に減ってしまった。

いちばん皺寄せがきたのが、余剰乳で作られるバターだった。かつてないほど在庫が落ち込み、洋菓子、パン、食品メーカーが争奪戦を繰り広げ、家庭用がなくなってしまったのである。

生乳はまず賞味期限の短い牛乳に使われ、メーカーの買い取り価格はもっとも高い。次に生クリーム、ヨーグルト、チーズに利用され、最後に残った余り物がバターおよび脱脂粉乳用で、同じ生乳なのに安い値段で買い取られる。バターは、酪農家にとってありがたくない存在なのである。

以降、バターの品薄は慢性化し、不足するたびに緊急輸入するという悪循環だ。バターは国家管理貿易品のため、原則的に農水省の外郭団体、農畜産業振興機構しか輸入できず、関税率は非常に高い。バターが保護されているのは、外国産は国産品の三分の一から二分の一と安いうえ、和牛のようにメイド・イン・ジャパンならではの特性でアピールできないためだ。輸入分は業務用にまわされ、家庭向け国産バターは激しい値上がりをした。

一一年は東日本大震災の影響で生産量が落ち、一二年はいったん持ち直したが、一三年からまた落ちはじめ、生産量はつねに需要を下回っている状態。そもそも、全国の酪農家戸数は一九六三年の四一万戸から九八年は三万七四〇〇戸、さらに二〇一八年には一万五七〇〇戸へと、二〇年間で半減している。生産者が減り、生乳生産量が減少した結果のバター不足なのである。

明治時代に殖産興業の花形になり、戦後は農業基本法のもとで順調に発展した酪農は、いま危機に瀕している。このままだと、大正時代に大量生産がはじまり、戦後はほぼ輸入ゼロだったバターの自給率は、どんどん下がっていくだろう。国産バターに、味や品質で付加価値を与えるような工夫ができないものだろうか。

グルメブームに乗ってやって来た農家製チーズ

乳製品のなかで急成長しているのが、国産のナチュラルチーズだ。

戦後、乳製品の王座にあったのはバターだったが、一九六六年に生産量、家庭内消費量の両方でチーズが抜き去った。日本で発達したのは、日持ちがし、食べやすい味に加工したプロセスチーズ。扇形の6Pチーズ、ベビーチーズ、スティックチーズは、日本独自のスタイルである。食の西洋化の波に乗り、学校給食に使われたことも後押しして六〇年代は年々、消費量が二割以上も増え続けた。

七〇年代にピザとチーズケーキの流行とともに、ナチュラルチーズの普及がはじまる。

八〇年代からはグルメブーム、とりわけ爆発的なイタ飯ブームで、カマンベールやゴルゴンゾーラなど、大量生産のプロセスチーズとは次元の違う、ヨーロッパの伝統的なナチュラルチーズのおいしさが知られるようになって、輸入量が増えた。

ナチュラルチーズの消費量は九八年にはじめてプロセスチーズを上回り、以降も順調に伸びている。一九六五年、一年あたり一人わずか二〇〇グラムだったチーズの消費量は、二〇一八年には二・六キロまで上がった。

フランスやイタリアなどには、牛や山羊、羊を飼って乳を搾り、製造する農家製のチーズが各地に根付いている。地域の気候風土に合った品種の、それぞれ特徴のあるミルクで作られたチーズは、ひとつ丘や谷を越すと味も形も変わるほど、土地ごとの特徴を備えている。昔の日本の味噌や漬物のようなもので、まさに地産地消型の発酵食品だ。

そのぶん個性が強く、カマンベールチーズもフランスの原産地、ノルマンディー地方で無殺菌乳から作られた農家製は、日本の大手乳業メーカー製とは比較にならないほど味も匂いも強烈だが、慣れればおいしさが癖になる。

がんばる日本のナチュラルチーズ

一九八〇年代後半から、ヨーロッパの伝統製法にならうナチュラルチーズの小規模生産者が少しずつ現れた。全国のチーズ工房の数は、二〇〇六年の一〇六軒から一八年は三一九軒と、一二年で三倍に急増している。

先駆者の北海道・共働学舎新得牧場のように、牛を飼って夏は放牧で青草を食べさせ、冬は夏に収穫した干し草や野菜を与え、飼育から搾乳、製造、熟成、販売までを一括で行い、飼料も生乳もすべて自給のケースもあれば、地元酪農家の生乳を集めて製造・販売だけを行うなど、やり方はさまざまだ。

種類は非熟成のフレッシュチーズ、長期熟成のハードチーズ、白カビチーズ、青カビチーズ、表皮を塩水やアルコールで洗うウォッシュチーズなど、ナチュラルチーズの全タイプが揃う。主流は牛乳製だが、山羊を飼ってフランス式のシェーブルチーズを作っている工房も数か所あるし、かわったところでは、水牛を飼ってモッツァレラチーズを作っている千葉県の生産者や、東京産の生乳を使ってモッツァレラチーズを作り、できたてのほやほやを販売する都心の店もある。

それ以前も、大手乳業メーカー製の国産ナチュラルチーズはあったが、よくいえばマイルドで、味はプロセスチーズと大差がなかった。だが、生産者が増えるにつれて品質が急激に向上して、白カビチーズに桜の塩漬けをのせた共働学舎新得牧場の「さくら」をはじめ、海外のチーズコンテストで次々と入賞し、国際的にも認められるようになった。並行して、プロセスチーズも個性化が進んでぐっとおいしくなっている。

フランスの食には、「テロワール」という概念が重視される。土地を取り巻く気候や土壌といった意味合いの言葉で、チーズ作りではワイン同様、そのテロワールに根ざした特性が強く求められる。ヨーロッパで長い時間をかけて育まれた製法を短期間で修得し、テロワールを表現している日本のナチュラルチーズ生産者は、心底から素晴らしい。

一八年に畜産経営の安定に関する法律（畜安法）が改定されるまで、酪農家は原則的に、生乳を各地の指定団体に売ることが義務づけられていた。乳業メーカーに卸し、メーカーが生乳をどの用途（牛乳、生クリーム、ヨーグルト、チーズ、バター、脱脂粉乳）に使うかを決め、分量を振り分けるのは指定団体だった。規制緩和で酪農家の販売先や販売方法は広がったが、乳価の低下を招き、酪農家の減少がますます進むのではないかと、疑問の声が大きい

2019年イタリアで開催された「World Cheese Awards 2019」のブースには日本のチーズもならんだ。ベスト16に「チーズ工房 那須の森　森のチーズ」が入選（写真提供：NPO法人チーズプロフェッショナル協会）

改定だった。

　しかし、改定以前から枠組みから外れ、乳脂肪の高いミルクを出す品種の牛を山地放牧したり、化学肥料を使わない牧草で飼育したりと、付加価値の高い生乳をみずから製品化して、高くても売れるブランド牛乳に育てた生産者も少なくない。牛飼いからはじめて加工まで手がけるナチュラルチーズ作りは、その上をいく成功例になる可能性がある。

　海外で高く評価されても、生産量が少ないので、国際競争力を持つにはまだまだ。また、今後はヨーロッパ産チーズの関税が段階的に引き下げられ、三三年には撤廃される予定。輸入チーズとの厳しい競争が待っている。それまでに、胸を張ってメイド・イン・ジャパンといえる個性と品質を確立できるといい。がんばれ国産ナチュラルチーズ。

麺とパンのブランドになった「国産小麦使用」

ナチュラルチーズに限らず、二〇〇〇年代からは地産地消の取り組みが活発になって、商業的に成功する例も現れた。一九九〇年代にはおしゃれなマーケティング用語として使われていたスローフードが、地域の食の多様性を守り、持続可能で伝統的な農水産業を推し進めるという本来の意味で、広がりを見せるようになったのも同時期だ。

身近な日用食品で目立つのは、国産小麦を使った麺とパンが増えたことだ。背景には、品種改良が進んで輸入小麦と遜色のない品質の新品種が開発されたことと、相次ぐ輸入小麦の高騰で、国産小麦との価格差が縮まったことがある。安全性から国産を望む消費者心理と結びついて、「国産小麦使用」が麺とパンの品質保証マークになった。

小麦には、たんぱく質を多く含む硬質小麦、少ない軟質小麦、中程度に含む中間質小麦の三種があり、強力粉は硬質小麦、薄力粉は軟質小麦、中力粉は中間質小麦から作られる。おもな用途は、強力粉がパン、準強力粉は中華麺、中力粉は日本麺、薄力粉は洋菓子や天ぷら粉などだ。

もともと日本には中間質小麦が多かったため、うどんやそうめんなどの麺類が発達したが、近年はオーストラリアが日本用に開発したＡＳＷ（オーストラリアン・スタンダード・ホワイト）が麺用最適品種として君臨していた。かつて日本の小麦の主力品種だった農林61号は、小麦粉にすると灰色がかり、美しい乳白色のうどんができるＡＳＷとくらべると、見劣りがしてしまうのが欠点だった。

うどんといえば最初に名前が挙がる香川県も、昭和四〇年代からＡＳＷで讃岐うどんを打っていた。全国で讃岐うどんブームが起こった九〇年代、うどん県にうどん専用品種がなく、輸入小麦を使っているのは名折れ、ということで農業試験場で育種がはじまり、生まれたのが「さぬきの夢」。北関東の麺どころ、群馬県でも「さとのそら」、栃木県では「イワイノダイチ」が開発され、それぞれ優秀な品種だが、さぬきの夢はわかりやすさと明るい語感で、一度聞くと忘れない。

博多ラーメン、久留米ラーメンを擁する福岡県は、日本初のラーメン専用品種「ラー麦」を開発し、県内の製粉会社、ラーメン業者、農協が県と連携し、普及を促進している。福岡のラーメンは細くて硬めのストレート麺が特徴だが、ラー麦はさらに歯切れよく、伸びづらい麺ができるのがウリだ。

最近のラーメンはスローフード化が著しい。「こだわりラーメン屋」と呼ばれるような店は、国産小麦使用の麺がもはや標準。ミシュランガイドの一つ星を取った東京・大塚の店は、複数産地の粉をブレンドしているそうだ。地元の地粉で作るご当地ラーメンとなると、もはや立派な郷土料理である。

餅の食感に近づく小麦粉食品

日本では、パン作りに適した硬質小麦の栽培は難しく、国産小麦ではふっくらしたパンが焼けなかったが、一九八五年にはじめてパンに向く「ハルユタカ」が北海道で誕生した。できたパンには輸入小麦では生まれない独特のもちもち感と甘味が備わり、高く評価されたが、なかなか普及しなかった。

戦後のパン食は援助物資のアメリカ小麦が原点で、メリケン粉と呼ぶくらい、小麦粉といえばアメリカ産が当たり前だった。麺と同じく、きれいな白色のパンが焼けることで、ありがたがられもした。八〇年代に、国産の粉でパンを焼こうという発想はまだまだ珍しく、使っているパン屋は全国でも数えるほど。作るほうも、買うほうも、国産で無添加の自然食にこだわる人が中心だった。九〇年代末、フランスからの小麦輸入が解禁されて、高級パン屋がフランスの小麦粉でフランスパンを作りはじめ、ようやく一般のパン好きが小麦の原産地に目を向けるようになった。

国産小麦のパンへの関心は、食品安全性に対する懸念とともに高まった。輸入小麦に含まれる残留農薬と遺伝子組み換えへの不安感から、二〇〇〇年代に入ると学校給食のパンを国産小麦に切り替える自治体が急増した。

ときを同じくして、ハルユタカより病気に強く収量が多い「春よ恋」、甘くて黄色いパンが焼ける「キタノカオリ」、たんぱく質の含有量がとくに多い「ゆめちから」(以上北海道で育種)、パン生地のふくらみがよい「ミナミノカオリ」(九州)など、製パン性にすぐれた新品種が次々と開発された。手作りパン屋がこぞって取り入れ、「春よ恋のバゲット」「ゆめちからの食パン」といったように、品種名が商品名に冠されるブランド小麦に成長した。生産量も増えて、食パンや菓子パンに採用する大手パンメーカー、チェーンベーカリーも増えている。

最近、パンマニアから注目されているのは、自家栽培した小麦を自家製粉してパンを作る、循環型のパン屋。無農薬で育て、石臼で挽き、自家製酵母で発酵させ、薪窯で焼くという、徹底して昔風なやり方を実践し、場所が地方の山奥でも、遠くから訪れる客で引きも切らない店もある。

フランスの田舎には、小麦の栽培からパン作りまでを一貫して行う「ペイザン・ブーランジェ（農家パン屋）」が存在する。自然のサイクルで暮らしながら、日々の糧のパンを焼くという彼らの生き方に魅せられたミレニアル世代が、おもな担い手だ。現在、第一次産業の農林水産業者が、第二次産業の食品加工と第三次産業の流通・販売までを行う「農林漁業の六次産業化」を政府が推進しているが、これからは農家パンのように、二次・三次産業者が一次産業に加わるケースが増えるかもしれない。

ところで国産小麦は、パンがもちもちして甘くなる。その食感が日本人の嗜好にぴったりフィットして人気が出た。従来の輸入小麦で作るパンは、ふわっとして歯切れがよいが、国産小麦だとバゲットもクロワッサンも、もちっとする。パンだけでなく、うどんもラーメンも国産小麦で作ると、もちもち感が強くなり、そこが受けたのである。

元来、日本人は粘りのある食べ物を好むが、このところの「もちもちブーム」は激しい。パンと麺はおろか、パスタやケーキ、ドーナツまでもちもちしていると喜ばれるようになっている。タピオカ粉などのでんぷんを添加し、もちもち感を出している麺や菓子も多い。そんなにもちもちが好きなら、本物の餅を食べればよいのにと思うが、餅の消費量はもちもちブームのさなかでも減少傾向にある。餅の消費が増えればシンプルに自給率は上がるはずだが、そうはならずにアメリカの余剰小麦を引き受けるという食糧政策で発展した小麦粉食品に餅の食感を求めるようになったのは、皮肉というほかない。

米粉は自給率向上の切り札になるか?

国産小麦と同じように、ブームになったのが米粉である。米は小麦とは違って粘り気を出すグルテンが含まれず、製粉しても小麦粉より粒子が大きく粗い形状になる。団子や餅には適しているが、パンやケーキを作るとふくらまず、ほとんど餅の食感になってしまうため、上新粉や白玉粉のように、和菓子を中心に利用法が限られていた。

米どころの新潟県では、米の消費拡大を目的に、一九七〇年代から県食品研究所(現農業総合研究所食品研究センター）が米の加工形態を広げる研究に着手していた。長い時間をかけ小麦粉なみの細かさに挽ける製粉技術の開発に成功し、九〇年代からパンや麺、カステラや洋菓子に使えるようになった。

米粉の本格的な普及は、小麦が高騰した二〇〇八年からだった。翌〇九年七月には、食料安全保障と米の消費拡大、休耕田の有効活用を目的にした「米穀の新用途への利用の促進に関する法律」が施行され、米粉用の米を栽培する生産者と、米粉と米粉食品の加工施設整備に、補助金が交付されるようになった。休耕田では、海外依存度の高い小麦、大豆、飼料作物への転作が奨励されてきたが、栽培に適さない土地も多く、耕作放棄の要因のひとつになっていた。

ビーフンやベトナムのフォーなど、アジアには米粉の麺が豊富だが、すべて粘りけの少ないインディカ種が原料だ。日本のジャポニカ種はでんぷんのアミロペクチンが非常に多く、それがもっちりふっくらしたおいしさのゆえんだが、麺に加工すると粘りが強すぎて麺同士がくっつき成形ができない。その欠点を克服した米粉や、米粉に適した米の品種も開発された。

米粉を使ったパンや蒸しパン、ロールケーキやシフォンケーキ、うどんやラーメンがいっせいに登場し、家庭向きの米粉レシピもたくさん編み出された。米粉ではなく、粒の米からパンを焼けるホームベーカリーの「ゴパン」（三洋電機）が大ヒット商品になったりもした。小麦アレルギーの人にとっては、食べられる食品の種類が増えたこのブームは、福音だったろう。アレルギーを持つ子どもが、はじめてケーキを食べられたと喜ぶ親の声をよく聞いたものだ。

農水省の計算によると、国民ひとりあたり国産米粉パンを一か月に三個食べるだけで、自給率が一パーセント上がる。かんたんに達成できそうに思えたが、ところがどっこいで、ブームは長く続かなかった。気がついたら、スーパーやコンビニに並ぶ米粉食品の数がすっかり減っていた。

たしかに、米粉でパンやケーキ、麺を作ると、国産小麦以上にもちもち感が強くなる。だが、味が非常に淡泊でさっぱりしているため、小麦の濃厚な香りやうま味に慣れた舌には物足りなく、最初は物珍しさで手を出しても、リピーターにならなかったのがひとつ。なにより大きかったのが、小麦粉よりかなり割高につく米粉のコストだった。多少、値段が高くても自給率向上のためなら、と買い続ける人が少なかったということだ。一七年、農水省は欧米のグルテンフリーより厳しい基準を設定した「ノングルテン米粉認証制度」

をスタートさせ、国内外での需要拡大をめざしている。米粉で食料自給率向上の道は険しいかもしれないが、粉もののバリエーションが増えたのは米粉のおかげ。これからあっと驚く斬新な米粉食品が登場するといい。

過去最低をマークした食料自給率

こうした取り組みをよそに、二〇一八年度の食料自給率は三七パーセントに落ち込んだ。歴史的な凶作だった一九九三年と並ぶ過去最低である。天候不順で小麦と大豆の生産量が大幅に減少したことと、飼料穀物の海外依存度が高まったことが主因だった。農産物の貿易自由化を進める安倍政権に忖度してか、報道はごく控えめだった。最近は国産小麦のように、国産大豆使用の豆腐と納豆がコンビニでも買えるようになっているだけに、心配な結果だ。二〇年夏に発表される一九年度の数字が、とても気になる。

エピローグ――情けなくも愛おしいメイド・イン・ジャパン

和食のユネスコ無形文化遺産登録で、またしても強化された「日本の食はすごい」というメイド・イン・ジャパン礼賛が、どこから来てどのように形成されたかを検証するのが私の課題だったが、結局メイド・イン・ジャパンの食文化なんて、どこにもない幻想だったじゃないと畳みかけるようなことばかり書いた気がする。

日本の食のいちばんの特色は、世界に類を見ない国際性の豊かさだ。こんなにも多くの料理や食料を海外から取り入れてうまく咀嚼し、自分のものにしている食文化はあまりないだろう。なかなか実現できない多文化共生が、少なくとも食の分野だけはとっくに達成しているのは、誇ってよいと思う。だが、そのためには犠牲にしたものが多かった。

これほど国際化を深めるようになった原点は、明治維新で推進された食の西洋化と、第二次大戦後の栄養改善普及運動という、伝統的食生活の改変を迫る二度の国策だった。第

江戸時代まで肉食が禁止されていた日本は、世界に冠《かん》たるベジタリアン大国だった。第

9章で述べたように現在、持続可能性と動物福祉の観点から、各国でベジタリアンやヴィーガンが急増している。主食の米に野菜をたっぷり、植物性たんぱく質と魚介の副食で構成された伝統的な食生活を、現代の栄養学にかなうかたちで維持していたら、それこそ「クール・ジャパン」として海外から尊敬の的になっただろう。

明治維新の指導者たちは、極度に欧米文化を崇拝し、衣食住までそのまま摸倣して移植することが文明開化だと信じた。理想とする生活は、洋服を着て西洋館に住み、肉と乳製品を副食にパンが主食の西洋料理を食べ、洋酒を傾けながらダンスを踊ることだった。滑稽だが、彼らは大真面目だった。

明治前期を代表する老農（農業指導者）で、在来農法に西洋農法を取り入れ、農業技術の改良に貢献した船津伝次平（一八三二〜一八九八）は、得意の俗謡チョボクレ節に乗せて、明治政府の畜産振興策に警鐘を鳴らしている。

然るにこのごろ　お米を廃して　肉食世界に　改良しなさる　お説も聞いたが
肉食世界を　拒むじゃなけれど　獣類何ほど　繁殖なすとも
値段が高くちゃ　下等の人民　食うことかなわず

肉食するには　現今一日　四五十銭ほど　要するなるべし　米なら三銭　四銭で沢山
穀類作れば　一反二反の　僅かな田地の　収穫ものでも
一戸家内の　四人や五人は　年中食して　余りがあります
牛馬を一頭　育ててみなさい　一町二町の　草では足るまい
或る人申すに　数年原野に　放牧するには　一頭飼育に　六七町余の　地面を要すと
ヤレヤレ皆様　よく聞きなされよ
六七町余に　一頭ぐらいを　飼うようなことでは
三千八百余万の人民　匂いを嗅ぐには　足りるであろうが　食うには足るまい

あらゆる産業が近代化をめざしたこの時代、広い土地と大量の餌を必要とする畜産は日本の風土に適さず、国民の食生活をけっして豊かにはしないと、憂えた農業者がいたことは驚きだ。

日本の畜産業は、戦前すでに輸入飼料に依存していた。戦後はさらにその体質を強め、食の体系そのものを変えていった。

そして現在、食の基本であるはずの農業と漁業が、ますますのピンチだ。高齢化と後継者不足で、就業人口の減少が止まらない。耕作面積は、年々減り続けている。魚介のおかずをたくさん食べるのが日本型食生活の長所だったのに、魚離れが激しくて、肉の消費量がとっくに魚を抜いた。魚介類の自給率は、二〇一七年度で五五パーセントまで落ち込んでいる。

貿易自由化の進展で、これから安い海外の食べ物はもっと増えていくはずだ。格差が広がり、食料品の値上げが続けば、価格面から輸入品を選ばざるをえない人が増えていくだろうし、そうなるとますます食料自給率は低下するだろう。

そんななか、農家パンや国産ナチュラルチーズのように、規模はささやかでも、風土に根ざした個性的な産品ががんばっているのは、とても頼もしい。米作りから手がけている蔵元の純米酒、原料の大麦とホップも国産のクラフトビール……そう聞いただけでおいしそうに感じてしまうのは、私の頭にも国産品礼賛のバイアスがあるからかもしれないが、どんな味なのか無性に知りたくなる。食材の産直通販がますます身近になり、各地方で守られてきた希少な在来種の野菜などが取り寄せられるようになった。なかでも生産者の取材記事を載せた雑誌と、彼らの思いや苦労の結晶である農水産物がセットになって定期的に届く『食べる通信』は、消費地にいながらにして「生産者の顔が見える」感覚を味わうことのできるユニークな試みだ。

メイド・イン・ジャパンの食文化を明るくするためには、全国のこうした小さな取り組みをこまめに拾い上げ、魅力を伝えるメディアの役割が責任重大だ。及ばずながら、私も情報発信の力になれたらと思う。

大手メーカーが高い技術力で作るクリーンなパンが一〇〇円台で買える日本は、やっぱりすごい。その一方で、素朴な手作りの農家パンもあったほうがいい。食は多様性があったほうが、おもしろくなる。最近、スーパーの魚売場を見ると、刺し身は別にして、輸入サーモン、養殖ブリ、冷凍エビばかりが目立つようになったのが心配だ。せっかく水産物が豊かな国なのだから、いわゆる雑魚も流通に乗せてくれたら選べる楽しみが増え、魚食の楽しみ方も広がるのではないだろうか。もちろん、一日に一回はご飯を炊いて、おかずを作る余裕が持てる働き方と暮らし方が前提である。

各章で違うトピックを取り上げ、日本人って情けないぞと痛感するような歴史のエピソードが多かった。それでも失敗を繰り返しながら、日本の食はよくなっていると信じたい。情けなさも含めて、全部がメイド・イン・ジャパンの食文化だと認めなければ、より愛おしき食にはつながらない。

＊

ここまで書いたのが二〇二〇年三月。いまは新型コロナ感染症による非常事態宣言が解除されたばかりの東京だ。政府の後手と感染防止策の曖昧さ、奈落の底に突き落とされた人々への支援と補償の薄さ、このさなかの検察庁法と種苗法の改正案……、苛立つことの多すぎる二か月だった。危機の話題をたくさん取り上げ、最後は感染症のことをねちっこく書いたあとだから既視感が強い。自粛警察が関東大震災時の自警団や第二次大戦中の隣組に、大手メディアの報道が大本営発表にたとえられたように、はるか昔の幻影はいともたやすく舞い戻ってくる。

にもかかわらず感染者、死亡者とも予想されたより少ないのは、医療や介護の従事者はもちろん、外で働く人、家にとどまる人それぞれの現場力が強いからだと思う。いつもこの国の住人は、すんでのところで現場がふんばって危機を切り抜けてきた。

だが、そうかんたんに切り抜けられそうもないのが外食店だ。コロナ特需で好調な企業もあるが、大半が深刻な打撃を受けている。外食しようという気持ちは、なかなか戻らないだろう。ミシュラン星つきの人気店といえども、三か月はなんとか持ちこたえられても半年以上この状態が続くと厳しい。食を日本の文化としてインバウンド誘致の目玉にしていたのだから、国は全力でもっと手厚く守ってほしい。そうでないと、コロナ後に外国人観光客を迎えるのは、魅力的な飲食店がめっきり減ってさみしい日本になってしまう。

中長期的に心配なのは、食料の安定供給だ。世界では食料輸出規制の動きが広がりつつある。農水省はホームページで食料品は十分な供給量と供給体制を確保していることをアピールしているが、現状の自給率三七パーセントではやっぱり心許ない。喉元過ぎても危機感を持って、買いだめは避けながら無駄をなくして備えをしておくのが身のためだ。

一方で、在宅生活で料理する楽しみが見出されているのは明るい話題。加工食品に頼りすぎず、生鮮食料品を利用する頻度が高まれば、自然と自給率が上がっていく可能性がある。また、これを機にパンデミックを加速したグローバル化が見直され、地産地消の気運が高まるかもしれない。メイド・イン・ジャパンの食文化は、きっと変わるだろう。それは前向きな変化になる予感がする。

最後に、『カリスマフード』に続き編集の労をとっていただいた春秋社の篠田里香さんに感謝します。この本が、みなさまにとって日本の食のあり方を考えたり自分の食生活を見直したりするきっかけになったら、とても嬉しく思います。

主要参考資料

「地産地消・旬産旬消が日本の食を救う」篠原孝（『世界』二〇〇二年一〇月号）
「地産地消ＥＡＴ　ＬＯＣＡＬＬＹ　『文化』として定着しつつある『地場野菜』」小林彰一（『地上』二〇〇一年六月号）
『栄養と食養の系譜——主食論争から健康食品まで』萩原弘道（サンロード、一九八五）
『粗食のすすめ』幕内秀夫（東洋経済新報社、一九九五）
「食の安全確保５つのハードル」（『激流』二〇〇八年六月号）
『食の歴史と日本人——「もったいない」はなぜ生まれたか』川島博之（東洋経済新報社、二〇一〇）
「米を中心とせる生活の叫び」一記者（『財政経済時報』一九一八年九月一日号）
「人口食糧問題管見」下村宏（『経済往来』一九二九年一月号）
「食料問題と社会政策」西田卯八（『日本及日本人』一九一八年九月一日号）
「戦時農業と食糧対策」黒澤酉蔵、東畑精一、島木健作、近藤康男他（『中央公論』一九四一年一〇月号）
「新興食糧開発の指標」丸本彰造（『文藝春秋』一九四一年一一月号）
「飢餓の街」壺井栄（『中央公論』一九四六年一月号）
「食糧難と社会不安」山川菊栄（『改造』一九四六年一月号）
『輸入食糧の上手な食べ方』農林省・厚生省・食糧配給公団監修（全国粉食普及会、一九四九）
「戦後食糧輸入の定着と食生活改善」白木沢旭児（『農業史研究』第三六号、二〇〇二）

「愚かなる食糧政策を叱る」大槻正男（『地上』一九五四年五月号）
「おし流される農業政策」大谷省三（『農業朝日』一九五五年一一月号）
『栄養料理辞典』小田静枝（誠文堂新光社、一九四九）
『世界の馬鈴薯料理集』東佐與子（中央公論社、一九四九）
「1950年代の特需について」浅井良夫（『成城大学経済研究』二〇〇二）
『若く見え長生きするには』ゲイロード・ハウザー、平野ふみ子訳（雄鶏社、一九五一）
「農業基本法とことしの農政」団野信夫（『家の光』一九六一年一月号）
「農村の要請に答えられるか」福田赳夫、成田知巳、和田傳（『朝日ジャーナル』一九六一年五月一四日号）
「世界の食糧危機と日本の食糧戦略」玉井虎雄（『創』一九七三年三月号）
「自給率4割の食糧危機説を追求する――日本人は生き残れるか」小倉武一、石垣純二（『週刊サンケイ』一九七三年八月三日号）
「飢餓が日本を襲う」高橋重之（『人と日本』一九七三年九月号）
「食糧は大丈夫か」東畑精一、逸見謙三、唯是康彦（『中央公論』一九七四年三月号）
「われら一億人はどうやって食べているか」内橋克人（『現代』一九七五年一月号）
『五色の毒――主婦の食品手帖』天野慶之（真生活協会、一九五三）
『おそるべき食物』天野慶之（筑摩書房、一九五六）
「主婦にささぐ・恐るべき食物、こんなものにはご用心」（『週刊朝日』一九五六年九月三〇号）
「着色飲食物は危険だ！」（『サンデー毎日』一九五八年三月二日号）
『複合汚染』有吉佐和子（新潮文庫、一九七九）

「総合安全保障研究グループ報告書（データベース「世界と日本」）
「日本型食生活」福場博保（『ＶＥＳＴＡ』一九九二年七月号）
「『食生活指針』にみるアメリカの食生活と栄養教育」坂本元子（『ＶＥＳＴＡ』一九九七年一月号）
『病気にならない生き方――ミラクル・エンザイムが寿命を決める』新谷弘実（サンマーク出版、二〇〇五）
『昭和と日本人の胃袋』日本食糧新聞社編（日本食糧新聞社、一九九〇）
「牛肉・オレンジ自由化」高橋和雄（『潮』一九九一年六月号）
「激化する国際農業戦争転機を迎えるコメ偏重農政」（『アサヒグラフ』一九九〇年一一月二三日号）
「大凶作でコメ自由化絶好のチャンス」（『週刊新潮』一九九三年九月二三日号）
「大凶作！　コメの買い占めが始まった」（『週刊読売』一九九三年一〇月一七年号）
「戦後最悪コメ凶作は人災だ！」（『週刊ポスト』一九九三年一〇月二二日号）
「『貧乏人は外米を食え』と言うのか」（『サンデー毎日』一九九四年三月二〇日号）
「平成六年・コメをめぐる事件」（『暮しの手帖』一九九四年一〇・一一月号）
『桜沢如一。１００年の夢。』平野隆彰（アートヴィレッジ、二〇一一）
『ファストフードが世界を食いつくす』エリック・シュローサー（草思社、二〇〇一）
「Ｏ－１５７は、赤痢以上の怖さを持つ先進国型の食中毒だ！」（『ＢＡＲＴ』一九九六年八月号）
『証言ＢＳＥ問題の真実――全頭検査は偽りの安全対策だった！』唐木英明（さきたま出版会、二〇一九）
『狂牛病とプリオン――ＢＳＥ感染の恐怖』フィリップ・ヤム（青土社、二〇〇六）
「脳ミソがスポンジ状になる『狂牛病』の恐怖」（『週刊文春』一九九〇年六月七日号）

「狂牛病の教訓——人類が抱える肉食という病理」クロード・レヴィ＝ストロース（『中央公論』二〇〇一年四月号）
「狂牛病、千葉のほかにも？」（『アエラ』二〇〇一年九月二四日号）
「狂牛病騒動」山内一也（『中央公論』二〇〇一年一二月号）
「米国ＢＳＥ騒動に見る科学と政治」神里達博（『論座』二〇〇四年四月号）
「輸入再禁止で吉野家牛丼白紙大ショック」（『週刊現代』二〇〇六年二月一一日号）
「欧州と日本における牛海綿状脳症（ＢＳＥ）対策」小澤義博（『獣医疫学雑誌』二〇一二年一六巻一号）
『フード・マイレージ——あなたの食が地球を変える』中田哲也（日本評論社、二〇〇七）
「コメまで高騰我々の食を守れ」萩原博子（『文藝春秋』二〇〇八年八月号）
「なぜ『バター不足』が繰り返されるのか」本間正義（『プレジデント』二〇一五年八月一七日号）
「粉食粒食優劣論」大槻正男（『文藝春秋』一九四四年一月号）

本書は、「ウェブ春秋　はるとあき」(https://haruaki.shunjusha.co.jp/)にて二〇一九年一月より二〇二〇年二月まで掲載された連載に、大幅に加筆訂正をほどこし、書き下ろしを加えたものです。

著者紹介

畑中三応子（はたなか・みおこ）
1958年生まれ。編集者・食文化研究家。編集プロダクション「オフィスSNOW」代表。『シェフ・シリーズ』と『暮しの設計』（ともに中央公論新社）編集長を経て、プロ向けの専門技術書から超初心者向けのレシピブックまで幅広く料理本を手掛け、近現代の流行食を研究・執筆。第3回「食生活ジャーナリスト大賞」ジャーナリズム部門の大賞を受賞。著書に『カリスマフード——肉・乳・米と日本人』（春秋社）、『ファッションフード、あります。——はやりの食べ物クロニクル1970–2010』（紀伊國屋書店、ちくま文庫）、『体にいい食べ物はなぜコロコロと変わるのか』（ベスト新書）、『ミュージアム・レストランガイド』（朝日新聞出版）、『七福神巡り——東京ご利益散歩』（平凡社）など。

〈メイド・イン・ジャパン〉の食文化史

2020年7月10日　初版第1刷発行
2021年3月20日　　　第2刷発行

著者Ⓒ＝畑中三応子
発行者＝神田　明
発行所＝株式会社　春秋社
〒101-0021　東京都千代田区外神田2-18-6
電話（03）3255-9611（営業）・（03）3255-9614（編集）
振替　00180-6-24861
https://www.shunjusha.co.jp/
印刷所＝株式会社　太平印刷社
製本所＝ナショナル製本協同組合
装　丁＝西垂水　敦（krran）
カバー絵＝iStock.com/nicoolay＋FoxyImage-stock.adobe.com＋alhontess-stock.adobe.com

Ⓒ Mioko Hatanaka 2020
Printed in Japan, Shunjusha
ISBN 978-4-393-75125-1　C0039
定価はカバー等に表示してあります

畑中三応子
カリスマフード
肉・乳・米と日本人

明治以降、欧米への憧れ、戦争、メディアの変遷は食生活を大きく変えた。食物を超えたカリスマ的パワーを付与され、国の食料政策と関わってきた肉・乳・米から私たちの来し方を辿る。

1900円

渡辺裕
まちあるき文化考
交叉する〈都市〉と〈物語〉

文学散歩や映画のロケ地巡礼など、作品世界と紐づけられて生成・変容する都市のイメージと、あわいに生じた文化のありようを描き出す。無縁坂や小樽、軍艦島などをめぐる全五章。

2400円

パオロ・マッツァリーノ
会社苦いかしょっぱいか
社長と社員の日本文化史

戦前・戦後の文献をひもとけば、イイカゲン社長とズッコケ社員が勢ぞろい！　愛人問題、通勤・持ち家事情、宴会芸。驚異と悲哀に満ちた群像劇から日本を見つめる異色の文化史。

1700円

志田英泉子 編著
サザエさんキーワード事典
戦後昭和の生活・文化誌

戦後昭和の人々が培ってきた生活文化の豊かな世界。新聞連載『サザエさん』（昭和二一～四九年）に登場する様々なキーワード（一七三〇項目）に解説をほどこした、生きた言葉の事典。

2500円

C・G・アルヴァイ／長谷川圭 訳
オーガニックラベルの裏側
21世紀食品産業の真実

環境と人に優しいと謳いつつ、大量生産・廃棄されるオーガニック食品の実態をルポ。共食いする鶏、ゴミ箱行きの不揃いの野菜……。食を私たちの手に取り戻す方法とは？

2200円

▼価格は税別。